Peter Fobes

Rom und Assisi

Unterwegs in zwei Welten

Verlag Josef Knecht · Frankfurt am Main

Umschlaggestaltung: Kiesewetter & Partner, Freiburg i. Br.
Satzgestaltung: DTP-Studio Helmut Quilitz
Druck und Bindung: Freiburger Graphische Betriebe 2000

Gedruckt auf umweltfreundlichem,
chlor- und säurefrei gebleichtem Papier

ISBN 3-7820-0839-1

Inhalt

ASSISI

ANHANG

Vorwort

Vor einigen Jahren stieß ich auf einen Reisebericht, den ich mit großem Interesse las: Heinz Malangrés „Von Rom nach Assisi" (Kevelaer 1985). Diese Lektüre regte mich dazu an, zum Jubiläumsjahr 2000 Rom, die Stadt der Päpste, der heidnischen Antike und der frühen Christenheit, und den umbrischen Wallfahrtsort Assisi mit seiner Rückbesinnung auf Franziskus gemeinsam in einem Reiseführer vorzustellen: zwei Städte, die durch ihre Unterschiedlichkeit – als seien es zwei Welten – in einer geistigen und geschichtlichen Spannung zueinander stehen, wie sie eindrucksvoller kaum sein könnte.

Wer seine Reise in das antike und päpstliche Rom mit einem Abstecher in die Stadt des „Poverello" verbindet, tut dies in der Regel in spiritueller Absicht. Dem Pilger und Touristen die geistlichen Quellen erschließen zu helfen, ist die eigentliche Absicht des Buches. Zugleich soll damit das kunstgeschichtliche und archäologische Interesse des Lesers und Benutzers und sein Sinn für geschichtliche Zusammenhänge ein wenig geweckt werden, ohne dass alles aufgelistet wird, was an sich oder auch noch sehenswert ist. Für weiterführende Informationen wird auf die Literaturliste verwiesen.

Sowohl der Hauptteil über Rom als auch der über Assisi beginnt mit einem geschichtlichen Überblick. Der Anhang gibt Hinweise, die für die Organisation der Reise hilfreich sein können: Adressen, sonstige Orientierungshilfen, Literatur. Außerdem gibt eine Auswahl von Gedichten und Gebeten Anregungen zur Besinnung unterwegs.

Rom hat sich auf das Jubiläumsjahr gründlich vorbereitet.

In Renovierungen wurde ein Milliardenprogramm investiert. Die Fassaden der Hauptkirchen – insbesondere die von St. Peter – und vieler Paläste erstrahlen in neuem Glanz. Die Restaurierung der Bildwerke der Sixtinischen Kapelle wurde nach über zwanzigjähriger Arbeit noch rechtzeitig zur Eröffnung des Heiligen Jahres abgeschlossen. In Assisi wurden in viel konservatorischer Kleinarbeit fürs Erste die enormen Schäden beseitigt, die das Erdbeben 1997 angerichtet hatte, auch wenn dessen Folgen in der umbrischen Landschaft noch lange zu spüren sein werden.

Pilger und Reisende werden den beiden so unterschiedlichen Orten – der Ewigen Stadt wie der Stadt des Poverello – inmitten ihres überreichen geschichtlichen und künstlerischen Erbes auch manche neue, überraschende Seite abgewinnen können.

Dieser „Führer" wäre nicht zustande gekommen ohne die vielen Anregungen von Freunden und Bekannten. Ihnen allen danke ich für wertvolle Hilfe. Mein besonderer Dank gilt meinen Mitbrüdern Fortunato Iozzelli ofm und Artur Spallek ofm für ihre Ratschläge zur Archäologie und zur Geschichte Roms wie Assisis.

Remagen, im Januar 2000 *Peter Fobes*

Die Reiseziele

Rom und Assisi

Wer zu einer Reise nach Rom und Assisi aufbrechen möchte, wird sich auf ganz unterschiedliche Orte einstellen müssen: auf die großartige „Ewige Stadt“ und auf das beschauliche Assisi. In Rom geschieht die Begegnung mit der triumphalen Kirche, die den erhöhten Christus feiert. Assisi steht für die demütige und arme Kirche, die dem Mensch gewordenen Christus als Jüngerin nachfolgt. Viele Reisende verbinden beide Orte auf einem gemeinsamen Weg, um gerade diesen Kontrast zu erleben. Aber jeder der beiden Orte macht auch für sich allein einen Besuch lohnend; vielleicht ist es sogar eine Überforderung, beiden – auf einer Fahrt zusammengefasst – gerecht werden zu wollen.

Die *Ewige Stadt* erhielt diese Bezeichnung wegen ihrer langen Geschichte, in der sie immerzu entweder politisch oder religiös von Bedeutung war. Das Gründungsdatum, 753 v. Chr., gilt zwar als legendär, hat aber möglicherweise einen historischen Kern. Auf dem Palatin haben Archäologen nämlich Gräber aus der Eisenzeit (10. Jh. v. Chr.) und Reste von Behausungen aus dem 8. vorchristlichen Jahrhundert ans Tageslicht gebracht. Die Stadt entwickelte sich zur Hauptstadt des Römischen Weltreiches und nach dem Untergang des Imperium Romanum zum Zentrum päpstlicher Macht. Seit dem Ende des Kirchenstaates (1870) ist Rom Hauptstadt Italiens. Neben den vielen kirchlichen Einrichtungen beherbergt das heutige Rom auch zahlreiche kulturelle Einrichtungen von Weltrang. Beide zusammen geben der Stadt ihr internationales Gepräge.

Anders *Assisi:* Obwohl in der Antike bereits Stadt (Municipium Assisium), war dieser umbrische Ort lange Zeit nur von untergeordneter Bedeutung und hätte auch heute nur einen geringen Bekanntheitsgrad, wäre nicht von ihm eine radikale religiöse Erneuerungsbewegung ausgegangen durch den Geist, den Franziskus und Klara verkörpern.

Reiseziel Wallfahrt

Reisen beschenken durch einprägsame Erlebnisse, führen zu neuen Erfahrungen und sind oft auch Anstoß zu Einkehr und Besinnung. Vor allem mit Wallfahrten verbindet sich der letztere Gedanke.

Wer als Wallfahrerin oder Wallfahrer reist, reiht sich unwillkürlich in die Schar der vielen pilgernden Menschen der Jahrhunderte ein: Zu allen Zeiten suchten sie Stätten auf, die für sie von religiöser Bedeutung waren.

Die Juden pflegten die Wallfahrt nach Jerusalem. Einige Psalmen legen Zeugnis davon ab; in einem von ihnen heißt es: „Ich freute mich, als man mir sagte: Zum Haus des Herrn wollen wir pilgern. Schon stehen wir in deinen Toren, Jerusalem. Jerusalem, du starke Stadt, dicht gebaut und fest gefügt“ (Ps 122 [121]). Auch Jesus von Nazareth pilgerte, als er zwölf Jahre alt war, mit seinen Eltern in diese Stadt (vgl. Lk 2,41–50).

Später entwickelte sich Jerusalem auch zum „natürlichen“ Wallfahrtsort der Christen. Ziele waren der Felsen Golgota und das Grab Jesu sowie die Geburtsgrotte im nicht weit entfernten Betlehem. Unter Konstantin dem Großen, im 4. Jahrhundert, wurden an diesen Stellen Kirchen erbaut, die

die großen Pilgerscharen aufnehmen konnten. Im Mittelalter war die Reise von Europa nach Palästina mit lebensbedrohenden Gefahren verbunden. Umso eifriger suchten Pilger abendländische Wallfahrtsziele auf, insbesondere die Stadt Rom.

Die Ursprünge der Wallfahrtsstätten in der Ewigen Stadt reichen bis in die Antike zurück: An den Gräbern der Apostel Petrus und Paulus und der anderen Märtyrer (Laurentius, Sebastian usw.) wurden von Anfang an jährliche Gedächtnisfeiern begangen; die Totenehrungen brachen nie ab, auch wenn sie in den Zeiten der Verfolgung mit Gefahren verbunden waren. Als im 4. Jahrhundert die Konstantinische Wende dem Christentum die freie Religionsausübung ermöglichte, waren die Gräber der Märtyrer noch bekannt, und zu ihnen strömten die großen Pilgergruppen. Die Begräbnisstätten der Märtyrer riefen in den Besuchern die Erinnerung an Menschen wach, die ihren Glauben konsequent bis in den Tod gelebt hatten. In ihrem Sterben für Christus lag ihr besonderes Glaubenszeugnis.

Nicht viel anders ist es mit den Heiligen von Assisi: Franziskus und Klara bezeugten ihren Glauben zwar nicht durch ein Martyrium, wohl aber durch ihre radikale Befolgung des Evangeliums, die die Menschen aufmerken ließ. In Assisi und der Umgebung dieser Stadt lässt sich noch heute an vielen Orten erspüren, wie konsequent diese beiden Heiligen die Nachfolge Jesu lebten.

Die Erinnerung lässt längst Vergangenes wieder lebendig und wirklich werden. Die Vergangenheit verbindet sich mit der Gegenwart. Wer die Märtyrergräber und die Gedächtnisstätten der Heiligen besucht, will Anteil nehmen am Leben und der Gottverbundenheit dieser längst verstorbenen, aber nicht vergessenen Menschen und erhofft sich dabei Einkehr und Gnade.

Häufig werden an den Wallfahrtsstätten Reliquien aufbewahrt. Mit Reliquien sind zunächst die Gebeine von Heiligen und Seligen gemeint, dann aber auch Dinge, die sie benutzt haben, oder Gegenstände, die mit Reliquien in Berührung gebracht wurden. Zugrunde liegt dem das Bedürfnis der Menschen, Anschauliches in den Händen oder vor Augen zu haben, was von verehrungswürdigen und vorbildlichen Personen geblieben ist (relinquere *[lat.]* = übrigbleiben). Letztlich gilt die Verehrung nicht den Reliquien selbst, sondern den Heiligen, von denen sie stammen oder mit denen sie in einem Zusammenhang stehen.

Manchmal stellt sich die Frage nach der Authentizität von Reliquien: Sind sie echt, das heißt, sind sie wirklich das, was von ihnen gesagt wird? Aber auch Reliquien, die nicht authentisch sind, haben ihre Erinnerungskraft. Meistens haben sie sie bereits viele Jahrhunderte hindurch bewahrt; die Pilgerinnen und Pilger sind durch sie immer wieder den Heiligen und Seligen begegnet und so in ihrer Gottverbundenheit gestärkt worden. Für diejenigen, die in den Reliquien eine anschauliche Hilfe für eine Glaubenserneuerung aus der Kraft der Erinnerung suchen, wird deshalb die Frage nach der Echtheit zweitrangig sein.

Dass in letzter Zeit Wallfahrten allgemein wieder zunehmen, dürfte sehr verschiedene Gründe haben – so verschieden wie die Gründe, warum Menschen überhaupt pilgern. Oft unternehmen Menschen, die sich in einer Zeit der Entscheidung befinden, eine Wallfahrt – beispielsweise nach einem Ausbildungsabschnitt – und erhoffen sich eine Orientierungshilfe. Zu ihnen gesellen sich viele Suchende und Fragende und solche, die in Nöten sind oder Kummer haben. Kranke machen sich auf den für sie oft mühsamen Weg, in der Hoffnung, geheilt zu werden oder ihre Krankheit besser tragen zu lernen. Oder Menschen brechen zu einer Wallfahrt auf, weil sie Gott für erfahrene Hilfe danken möchten. Ihnen allen kommt zugute, dass sie an Orte gelangen, wo sie den nötigen Abstand zu ihrem Alltagsleben gewinnen. Fern von den tagtäglichen Beschäftigungen stellt sich eine Atmosphäre ein, in der sie zur Ruhe kommen, wo sie beten und ihren Glauben erneuern können. Und so mancher entdeckt dabei Unerwartetes und findet Antwort auf Fragen, die er schon lange mit sich herumgetragen hat.

Reiseziel Kunst

Wer nicht in erster Linie als Pilger reist, sondern zu Studienzwecken, und dabei Kultur und Geschichte erkundet, wird nicht weniger beeindruckt sein: Rom, dessen Geschichte weit mehr als 2000 Jahre umfasst, bietet ein so breites Spektrum an Architektur und bildender Kunst, wie es wohl keine andere Stadt der Welt aufzuweisen hat. Von den Anfängen, deren Zeugnisse noch auf dem Forum Romanum zu sehen sind, bis zur jüngsten Vergangenheit, in der beispielsweise für die Olympiade 1960 bedeutende Bauwerke entstanden sind, ist fast jede Epoche mit hervorragenden Architektur- und Kunstdenkmälern vertreten. Nur das Mittelalter erweist sich als traurige Ausnahme: Der politische und wirtschaftliche Niedergang Roms in dieser Zeit wirkte sich auch auf die Bautätigkeit und das künstlerische Schaffen nachhaltig negativ aus.

Hier bietet Assisi eine willkommene Ergänzung. Assisi ist mittelalterliche Stadt par excellence. Die Basilika San Francesco ist eines der herausragendsten Bauwerke aus dem Italien des 13. Jahrhunderts. Ganze Stadtteile mit ihren Kirchen verkörpern noch die damalige Zeit. Zusammen mit den gut erhaltenen Stadttoren und -mauern fügen sie das mittelalterliche Gesamtbild Assisis zu einer harmonischen Einheit.

ROM

Kunst-, Kultur- und Kirchengeschichtliches

Von den Anfängen bis zum Beginn der Kaiserzeit

Die Gründung Roms

Die Sage nennt als Gründer Roms das Zwillingspaar Romulus und Remus; ihr Vater war der Kriegsgott Mars, ihre Mutter Silvia war eine Vestalin, also eine Priesterin der Göttin Vesta. Die beiden Kinder wurden ausgesetzt und von einer Wölfin gesäugt; später nahm sich ihrer ein Hirtenehepaar an, von dem sie großgezogen wurden. Nachdem die Zwillinge Rom gegründet hatten, gerieten sie in Streit; Romulus erschlug seinen Bruder Remus und regierte fortan allein als der erste von sieben Königen. 510 v. Chr. lehnte sich das römische Volk gegen Tarquinius Superbus, den letzten der sieben Monarchen, auf und vertrieb ihn. Inwieweit diese Sagen den tatsächlichen Ereignissen entsprechen, wird noch lange eine Frage an die historische Forschung bleiben, die natürlich auch aus anderen Zeugnissen (Archäologie, Brauchtum, Entwicklung der lateinischen Sprache usw.) Erkenntnisse über die Entstehung Roms gewonnen hat: Beispielsweise existierte bereits im 8. Jahrhundert eine Besiedlung des Palatins, deren Spuren bei Ausgrabungen gefunden wurden; außerdem konnte etruskischer Einfluss nachgewiesen werden, der sich in den Bräuchen und in der Religion bis in die Kaiserzeit erhalten hat.

Die Republik

Nachdem mit der Vertreibung des letzten Königs die Monarchie abgeschafft war, gründeten die Römer die Republik (die RES PUBLICA = öffentliche Sache), in der das Volk an der Politik beteiligt wurde. Die drei Grundpfeiler der republikanischen Verfassung waren die Volksversammlung, der Senat und die Beamtenschaft. Die jährlich neu gewählten Konsuln übten das höchste politische Amt aus.

Das zu neuem Selbstbewusstsein gelangte Volk dehnte nun allmählich seinen Herrschaftsbereich aus und schuf schließlich ein Imperium, das fast die ganze damals bekannte Welt umfasste und unter Trajan (Kaiser von 98 bis 117 n. Chr.) seine größte Ausdehnung erreichte. Mit der Ausdehnung des Machtbereichs wuchs auch die Bedeutung Roms. Es wurde zu einer prächtigen Hauptstadt ausgebaut. Besondere Aufmerksamkeit widmete die Republik der Gestaltung des Forum Romanum (vgl. S. 44 und S. 51 ff.) als Platz für die öffentlichen Angelegenheiten (Gerichtsverhandlungen, Wahlen, Triumphzüge usw.).

Aber Rom war nicht frei von Gefahren, auch nicht zur Zeit der Republik. 387 v. Chr. fielen die Gallier über die Stadt her, plünderten und verwüsteten sie. Nur ein kleiner Teil der römischen Bevölkerung konnte sich in der Arx, der Burg auf dem Kapitol, in Sicherheit bringen (vgl. S. 45 ff.). Nachdem die Gallier wieder abgezogen waren, entschlossen sich die Römer, ihre Stadt mit einem steinernen Befestigungsring zu umgeben; ein Rest dieser Servianischen Mauer (fälschlicherweise nach einem der sieben Könige benannt) ist heute noch neben dem Eingang des Bahnhofs Termini zu sehen.

Mit den im 1. vorchristlichen Jahrhundert mehrmals ausgebrochenen Bürgerkriegen kündigte sich die Krise und schließlich das Ende der Republik an. Im Kampf gegen Pompeius ging Gaius Julius Caesar als Sieger hervor. Er regierte fortan als Alleinherrscher. Eine beträchtliche Anzahl von Senatoren – angeführt von Brutus – verschwor sich gegen ihn. Am 15. März 44 v. Chr. wurde Caesar während einer Senatssitzung ermordet.

Nach weiteren Bürgerkriegen siegte Caesars Adoptivsohn Octavian. Dieser herrschte ab 31 v. Chr. als alleiniger Machthaber. Im Jahre 27 v. Chr. nahm er den Beinamen Augustus und den Titel PRINCEPS CIVIUM (= Erster der Bürger) an und begründete damit das Kaisertum (das Prinzipat). Mit großem Eifer baute er Rom zur repräsentativen Hauptstadt des Weltreichs aus; unter anderem setzte er die Erneuerung des Forum Romanum fort, die bereits Caesar begonnen hatte.

Mit dem Beginn des Kaisertums verlor das Volk seine politischen Einflussmöglichkeiten. Dafür musste Ersatz geschaffen werden. Die Darbietungen in den Theatern und Rennbahnen wurden ausgeweitet. In der zweiten Hälfte des 1. Jahrhunderts entstand das größte bis heute erhaltene Amphitheater der Antike, das Kolosseum (s. S. 61 f.).

Der Satiriker Juvenal (ca. 60–140 n. Chr.) beschreibt diese Situation: „[…] seitdem wir [Römer] keinem mehr unsere Stimmen verkaufen, hat das Volk längst jedes Interesse [an Politik] verloren. Denn während es einst Befehlsgewalt, Liktorenbündel, Legionen, alles zu vergeben hatte, hält es sich jetzt zurück und wünscht sich dringlich zwei Dinge nur noch: Brot und Spiele“ (10. Satire, 78–81).

Es ist leicht einzusehen, dass in dieser Zeit einer allgemeinen Sinnkrise das Christentum wie ein Licht im Dunkel aufzuleuchten begann, auch wenn ihm erst dreihundert Jahre später volle Entfaltungsfreiheit gewährt wurde.

Das Christentum im antiken Rom

Petrus und Paulus

Wie der christliche Glaube nach Rom gelangte und wann die erste Gemeinde gegründet wurde, ist nicht bekannt. Der Zeitpunkt, an dem christliches Leben in der Reichshauptstadt begann, ist jedoch sehr früh anzusetzen. In der Regierungszeit des Kaisers Claudius (41–54 n. Chr.) kam es zu Unruhen unter den Juden, die der römische Geschichtsschreiber Sueton (ca. 70–140 n. Chr.) mit einem gewissen Chrestus – sicherlich ist damit Christus gemeint – in Verbindung bringt; Ursache dieser Spannungen war offenbar das Auftreten von Christen innerhalb der jüdischen Gemeinden. Der Kaiser vertrieb daraufhin die Juden aus Rom. Das war wahrscheinlich im Jahr 49. Um das Jahr 50 begegnete der Apostel Paulus in Korinth einem solchen – offenbar zum christlichen Glauben gelangten – jüdischen Ehepaar, das nach der kaiserlichen Ausweisung aus Rom hatte fliehen müssen: Aquila und Priska (vgl. Apg 18, 2).

Im Jahr 49 muss es also bereits Christen in Rom gegeben haben. Sieben bis acht Jahre später kann Paulus in seinem Brief an die Römer sogar schon lobend erwähnen, dass man vom Glauben dieser Gemeinde in der ganzen Welt spricht (Röm 1, 8). Auch Priska und Aquila sind zu dieser Zeit wieder in der Reichshauptstadt, wie aus der Grußliste hervorgeht (Röm 16, 3). Im selben Brief äußert der Apostel den Wunsch, endlich einmal nach Rom zu kommen.

Der Wunsch ging in Erfüllung, aber sicherlich anders, als er es sich vorgestellt hatte. Die Apostelgeschichte berichtet sehr ausführlich: Nachdem er in Jerusalem von römischen Soldaten gefangen worden war – er war Opfer einer Verschwörung geworden – und in Cäsarea zwei Jahre in Untersuchungshaft verbracht hatte, beantragte er ein Berufungsverfahren vor dem Kaiser. Hierzu war er berechtigt, weil er das römische Bürgerrecht besaß. Seiner Bitte wurde stattgegeben, und so gelangte er als Gefangener nach Rom. Die römische Christengemeinde freute sich sehr darüber, dass Paulus zu ihnen kam, und man reiste ihm bis Forum Appii (etwa 65 km südlich von Rom) und Tres Tabernae (49 km südlich von Rom) entgegen (Apg 28,15). Über die Via Appia wird Paulus dann in Rom eingetroffen sein. Er war zwar Gefangener, konnte sich aber frei in der Stadt bewegen und das Evangelium verkünden (Apg 28, 31). Die Apostelgeschichte berichtet, dass er – von einem Soldaten bewacht – zwei Jahre in einer Mietwohnung blieb (Apg 28,16–30). Den Ausgang des Berufungsverfahrens und den Tod des Apostels erwähnt sie jedoch nicht. Ist Paulus vor seinem Tod noch nach Spanien gereist – wie es im Römerbrief sein Wunsch war (Röm 15,28) – oder wurde er bereits nach seinem zweijährigen Aufenthalt in Rom hingerichtet?

Zu einem Rom-Aufenthalt des Apostel Petrus gibt die Bibel leider keine direkten Hinweise, wohl aber bezeugen dies zahlreiche andere Schriften, von denen eine bis in das 1. Jahrhundert zurück reicht. Die älteste bekannte Nachricht findet sich in einem Brief, den die römischen Christen unter ihrem Bischof Clemens an die Gemeinde in Korinth richten: dem um 96 entstandenen 1. Clemensbrief. Aus ihm geht hervor, dass Petrus und Paulus in Rom viel gelitten und Zeugnis abgelegt haben, was ein Hinweis auf einen Märtyrertod sein könnte (1 Clem 5, 3–7 in Verbindung mit 1 Clem 6, 1). Gaios von Rom, der zur Zeit des Papstes Zephyrinus (199–217) lebte, kennt ihre Gräber und weiß, dass über jedem ein „Tropaion“, ein Siegesmal, errichtet worden ist, das eine am Vatikan, das andere an der Via Ostiense. Die Äußerung des Gaios zitiert Eusebius in seiner Kirchengeschichte (II, 25). Das Tropaion des Petrus wurde bei den Ausgrabungen 1940–1949 unter dem Papstaltar der Peterskirche gefunden (vgl. S. 110f.). Von dem Tropaion des Paulusgrabes gibt es zwar noch keinen archäologischen Befund, aber Entdeckungen, die bei dem Neubau von St. Paul vor den Mauern an der Via Ostiense im 19. Jahrhundert gemacht wurden, lassen darauf schließen, dass sich unter dem Hauptaltar dieser Basilika ein Grabmonument befindet (vgl. S. 105ff.). Eusebius (4. Jahrhundert) berichtet überdies, dass Petrus am Kreuz starb und Paulus enthauptet wurde, und dies sei zur Zeit des Kaisers Nero geschehen (Eusebius, Kirchengeschichte II, 25). Weil Paulus das römische Bürgerrecht besaß, kam für ihn nur die Enthauptung in Frage, nicht die schmachvolle Kreuzigung. In der Kunst erhält er deshalb meist ein Schwert als Attribut. Über den Tod des heiligen Petrus berichten ausführlich die um 180–200 entstandenen Petrusakten: Als der Apostel erfährt, dass er hingerichtet werden soll, verlässt er auf Anraten einiger Gemeindemitglieder Rom. Vor dem Stadttor kommt ihm Christus entgegen. Petrus fragt ihn: „Herr, wohin gehst du?" (Domine, quo vadis?) Und Jesus antwortet: „Ich gehe nach Rom hinein, um gekreuzigt zu werden." Da begreift Petrus, dass er den Kreuzestod auf sich nehmen muss, und kehrt in die Stadt zurück, wo er – als Zeichen der Demut auf eigenen Wunsch mit dem Kopf nach unten – gekreuzigt wird (Petrusakten 35(6)–38(9)). An der Stelle, an der Jesus dem Apostel begegnet sein soll, steht heute die kleine Kirche „Domine, quo vadis", und in San Sebastiano fuori le mura werden auf einer Steinplatte die Fußabdrücke Jesu gezeigt, die bei dieser Begegnung entstanden sein sollen (s. S. 102f.). So soll sich in Rom die im Johannesevangelium überlieferte Voraussage Christi an Petrus erfüllt haben: „Als du jung warst, gürtetest du dich selbst und gingst, wohin du wolltest. Wenn du aber alt geworden bist, wirst du deine Arme ausbreiten, und ein anderer wird dich gürten und dich führen, wohin du nicht willst" (Joh 21, 18).

Der christlichen Gemeinde Roms wird schon sehr früh eine Vorrangstellung gegenüber allen anderen Kirchen der damaligen Welt eingeräumt. Bereits in dem oben erwähnten 1. Clemensbrief aus der Zeit um 96 wird die Autorität der römischen Gemeinde deutlich, wenn sie in innere Angelegenheiten der Gemeinde von Korinth eingreift und zur Eintracht ermahnt. Die geschichtlich gewachsene besondere Bedeutung der Kirche Roms rührt daher, dass ihr Bischof, der Papst, stets als der Nachfolger des Apostels Petrus galt und dass nach dem Matthäusevangelium Jesus diesem Apostel eine Sonderstellung übertragen hatte mit den Worten: „Du bist Petrus, der Fels, und auf diesen Felsen werde ich meine Kirche bauen, und die Pforten der Hölle werden sie nicht überwältigen. Ich werde dir die Schlüssel des Himmelreiches geben; was du auf Erden binden wirst, wird auch im Himmel gebunden sein, und was du auf Erden lösen wirst, wird auch im Himmel gelöst sein“ (Mt 16,18f.). Petrus trat zudem meist als Wortführer der Zwölf auf. In der Kuppel der Peterskirche ist ein Teil der oben zitierten Stelle des Evangeliums nach Matthäus sehr eindrucksvoll mit großen Buchstaben in lateinischer Sprache angebracht. Aufgrund dieser Textstelle wird Petrus in der Kunst meist durch einen Schlüssel kenntlich gemacht.

Die Vorrangstellung des Bischofs von Rom, wie sie sich in den ersten Jahrhunderten heraugebildet hat, war – und dies nicht erst seit der Dogmatisierung des päpstlichen Primats durch das Erste Vatikanische Konzil (1870) – immer wieder ein schweres Hindernis für die Ökumene. In der Enzyklika „Ut unum sint“ vom Mai 1995 lädt Papst Johannes Paul II. die verschiedenen Konfessionen zu einem Dialog über den Primat ein. Denkbar wäre eine Ausgestaltung des Papstamtes, die von allen Konfessionen anerkannt würde und die Aufgabe hätte, allen Christen als Amt der Einheit zu dienen.

Die Christenverfolgungen

Wie schon erwähnt, sind, laut Eusebius, Petrus und Paulus unter Kaiser Nero hingerichtet worden. Unter ihm fand im Anschluss an die Brandkatastrophe im Jahr 64, die zehn von vierzehn Stadtbezirken Roms in Mitleidenschaft zog, die erste Christenverfolgung statt. Der Geschichtsschreiber Tacitus berichtet darüber. In Rom hatte sich das Gerücht verbreitet, der Brand sei auf Befehl des Kaisers selbst gelegt worden. Um dieser Beschuldigung ein Ende zu bereiten, schob Nero die Verantwortung auf die Christen. Viele von ihnen wurden festgenommen und mussten – obwohl sie nicht der Brandstiftung überführt werden konnten – unter grausamen Qualen sterben: Einige ließ man, in Tierhäute gesteckt, von Hunden zerfleischen, andere wurden gekreuzigt oder in der Dunkelheit angezündet, um in Neros Parkanlagen als Fackeln zu dienen.

Wegen seines tyrannischen Verhaltens und seiner Grausamkeit war Nero in ganz Rom außerordentlich verhasst. Deswegen machte sein Nachfolger Vespasian es sich zur Aufgabe, das Volk zu entschädigen: Er ließ Neros noch nicht vollendeten Privatpalast (die Domus Aurea) abreißen, mit Ausnahme der Thermen, die er dem Volk zur Verfügung stellte. Auf dem Gelände, wo die Domus Aurea einen künstlichen See besaß, ließ Vespasian das Kolosseum erbauen.

Die späteren Christenverfolgungen hatten ihren Grund meist darin, dass die Christen sich weigerten, den heidnischen Göttern zu opfern, insbesondere wenn der Kaiser selber sich als Gott verehren ließ; so zum ersten Mal unter Domitian (81–96), der sich „Herr und Gott" nennen ließ. Gegen Ende seiner Regierungszeit wurden Christen ermordet oder vertrieben und ihre Vermögen konfisziert.

Offiziell vertrat der römische Staatsapparat die Ansicht, dass die Götter das Wohlergehen des Volkes garantierten.

Immer dann, wenn dem Staat Gefahren drohten (beispielsweise äußere Feinde oder Epidemien), mussten die Götter vom gesamten Volk um Hilfe angerufen werden; es musste ihnen geopfert werden. Den Christen, die den Götterkult ablehnten, wurde dann die Schuld gegeben, wenn die Götter ihrem Zorn durch Katastrophen Ausdruck verliehen.

Auf diese Weise kam es unter Diokletian (284–305) zu der größten und letzten Christenverfolgung. Der Kaiser begegnete den Gefahren, die das Reich erschütterten, durch eine straffe Reformpolitik auf allen Ebenen. Wie alle Kaiser des 3. Jahrhunderts versuchte er, durch eine Belebung des traditionellen römischen Götterkultes das Reich zu erneuern und die Krise zu überwinden. Die Christen galten in diesem neuen politischen System als Störenfriede, weil sie der Verpflichtung zum staatlich angeordneten Kult nicht nachkamen und so die öffentliche Ordnung störten. Der Märtyrer Sebastian war Opfer der Diokletianischen Verfolgung (vgl. S. 102 f.).

Zwischen Hausgemeinde und Katakomben

Natürlich waren die Christen der ersten drei Jahrhunderte nicht ununterbrochen Verfolgungen ausgesetzt. Im allgemeinen bewegten sie sich frei im öffentlichen Leben und waren in Rom wohlbekannt. Ihr guter Gemeinschaftssinn und ihre Hilfsbereitschaft untereinander, die gerade unter dem Druck der Verfolgungen noch wuchsen, blieben nicht verborgen, so dass das Volk bisweilen – wenn auch spöttisch – sagte: „Seht, wie sie einander lieben!“ Den Christen lag viel daran, ihren Glauben zu bezeugen. Die vielfältigen Kontakte nutzten sie gerne, um ihre Mitbürger für Christus zu gewinnen. Die Mitgliederzahl der christlichen Gemeinden wuchs rasch. Zur Zeit des Papstes Cornelius I. (251–253) wurde in Rom die Zahl der Christen bereits auf 30 000 geschätzt.

Viele Menschen schlossen sich der neuen Religion an, weil unter ihnen eine Geschwisterlichkeit gelebt wurde, die es damals anderswo nicht gab: Der Sklave wurde gleichberechtigtes Gemeindemitglied; die Frau erhielt eine höhere Stellung als bis dahin üblich; die Unterschiede zwischen Armen und Reichen wurden – wenn auch nicht aufgehoben – so doch wenigstens gemildert.

Weil die Mitglieder jeder Gemeinde sich als Gemeinschaft verstanden, kamen sie gern zu der wöchentlichen Versammlung zusammen: Am Sonntag, dem Tag der Auferstehung Jesu, feierten sie die Eucharistie. Öffentliche Gebäude standen ihnen hierfür nicht zur Verfügung, und hätten sie selbst solche errichtet, wäre es unweigerlich zum Konflikt mit der römischen Staatsgewalt gekommen. Deshalb stellten Gemeindemitglieder ihre privaten Häuser für die Versammlungen zur Verfügung. Jede dieser Hausgemeinden hatte eine Größe von etwa 10 bis 30 Personen, so dass ihre Mitglieder sich untereinander kannten und sich unter ihnen ein wirkliches Gemeinschaftsgefühl entwickeln konnte.

Im 2. Jahrhundert begannen die Gemeinden, Räume in Privathäusern für den Gottesdienst baulich zu verändern. So entstanden Hauskirchen, die dann teils in Privatbesitz blieben, teils in das Eigentum der Gemeinden übergingen und die eigens für den liturgischen Gebrauch zugeschnittene Räumlichkeiten enthielten, gelegentlich sogar mit Wandmalereien religiösen Inhalts geschmückt wurden.

Bei Ausgrabungen unter der Kirche Santi Giovanni e Paolo sind Räume gefunden worden, die zweifelsfrei eine Hauskirche bildeten; dort sind Wandgemälde mit christlichen Symbolen enthalten. Unter der Kirche San Clemente sind ebenfalls Wohnräume gefunden worden. Es ist jedoch unsicher, ob es sich hierbei um ein Gebäude handelt, das von einer christlichen Hausgemeinde benutzt wurde, zumal angrenzende Räume dem Mithraskult zur Verfügung standen. Die Kirche

Santa Pudentiana wurde laut Überlieferung über dem Haus des Senators Pudens errichtet, der den Apostel Petrus beherbergt haben soll und dessen Tochter die heilige Pudentiana war. Sicherlich eine fromme Legende, deren wahrer Kern aber möglicherweise eine Hausgemeinde darstellt. (Zu den Hauskirchen vgl. auch das Kapitel *Einige Titelkirchen.*)

Ein weiterer Punkt, der das Leben des frühen Christentums prägte, ist die Ehrung der Verstorbenen. Auch die Heiden hatten über das Begräbnis hinaus an ihre Toten gedacht; jeweils am Geburtstag eines Verstorbenen besuchten sie sein Grab. Die Christen griffen diesen Brauch auf; jedoch begingen sie die Gedächtnisfeier, die oft mit einem Mahl verbunden war, am Todestag (dem Geburtstag des Verstorbenen für das ewige Leben). Gelegentlich errichteten sie hierfür über dem Grab einen eigenen kleinen Versammlungsraum, die Memoria. Bei den Märtyrern, die ja eine besondere Verehrung genossen, brach die Wiederholung der jährlichen Gedenkfeiern nie ab; immer mehr Menschen kamen, es entstanden Wallfahrten. Die Gedenkstätte war dann meist die Keimzelle für einen späteren Kirchenbau, so beispielsweise für San Pietro in Vaticano über dem Petrusgrab.

Zunächst besaßen die Christen keine eigenen Friedhöfe, sondern bestatteten ihre Verstorbenen auf heidnischen Begräbnisstätten. Bei den Ausgrabungen unter der Peterskirche fand man christliche Gräber gleich neben nichtchristlichen. Ab der Mitte des 2. Jahrhunderts gibt es eigene christliche Friedhöfe; hierzu hatten reiche Gemeindemitglieder Grundstücke zur Verfügung gestellt. Noch heute tragen einige Katakomben die Namen der jeweiligen Stifterperson: beispielsweise die Priscilla- und die Domitillakatakomben.

Als die oberirdischen Bestattungsplätze nicht mehr ausreichten, legte man unter den Friedhofsgeländen Gänge mit unterirdischen Gräbern an. In späterer Zeit gerieten sie in Vergessenheit, mit Ausnahme der Grabanlagen unter San Sebastiano fuori le mura (vgl. S. 102 f.), wo die Wallfahrten nie abbrachen. Von einer alten Bezeichnung dieser Kirche („San Sebastiano ad Catacumbas“) entstand dann im 16. Jahrhundert, als viele der unterirdischen Bestattungsräume und -gänge wieder entdeckt wurden, der Begriff „Katakombe“ für alle diese Grabanlagen.

Alle Friedhöfe und Katakomben befanden sich außerhalb der Stadt, weil es gesetzlich verboten war, in den bewohnten Teilen zu beerdigen. Bis ins Mittelalter beschrieb die von Aurelian (Kaiser von 270 bis 275) erbaute Mauer die Grenze des Stadtgebietes. Noch heute umgeben die Katakomben wie ein Kranz die durch die Aurelianische Mauer begrenzte Innenstadt.

Die Konstantinische Wende

Konstantin der Große (geb. um 285) gilt als der erste christliche Kaiser. Die Lebensbeschreibung, die sein Zeitgenosse Eusebius verfasste, beschreibt ausführlich seine Bekehrung. Sie berichtet, dass Konstantin am Himmel ein Christussymbol mit der Aufschrift sah: „In diesem Zeichen wirst du siegen.“ Nachts darauf trug Christus ihm im Schlaf auf, das am Himmel geschaute Zeichen nachzubilden und den Feinden entgegenzuhalten. Daraufhin – es steht der Feldzug gegen den tyrannischen Mitkaiser Maxentius bevor – lässt Konstantin eine Fahnenstange mit dem Christusmonogramm ☧ anfertigen, die im Kampf mitgeführt wird. Maxentius wurde besiegt, und diesen Sieg schrieb Konstantin der Hilfe des christlichen Gottes zu. Die Entscheidungsschlacht fand 312 an der Milvischen Brücke (Ponte Milvio) statt, die im Norden Roms über den Tiber führt (Eusebius, Leben Constantins I 28–38).

Diese Bekehrungsgeschichte trägt zwar reichlich legendäre Züge, Tatsache ist aber, dass Konstantin die bis dahin verbindliche Auffassung, die heidnischen Götter garantierten die Wohlfahrt des Staates, überwand und zu der Überzeugung kam, dass der Gott der Christen der wahre Beschützer des Reiches sei. Tatsache ist auch, dass das Christusmonogramm ☧ erst unter seiner Regierungszeit in der darstellenden Kunst auftaucht.

Die Bekehrung Konstantins musste Konsequenzen für die Religionspolitik haben. Bereits sein Mitkaiser Galerius hatte 311 ein Toleranzedikt erlassen, das den Christen den Frieden brachte. Die Mailänder Vereinbarungen vom Februar 313, die Konstantin und sein Mitkaiser Licinius trafen, kamen den Christen jedoch noch mehr entgegen: Allen wurde die freie Wahl der Religionsausübung gewährt; es wurde angeordnet, die konfiszierten Güter den Christen zurückzugeben; die christlichen Gemeinden erhielten zudem einen Rechtstitel, unter dem sie Eigentümer von Grundstücken, Gebäuden und anderen kirchlichen Einrichtungen werden konnten.

Damit waren auch die Grundlagen für eine umfassende Bautätigkeit geschaffen, die der Kaiser und seine Mutter, die heilige Helena, mit ihrem Wohlwollen und teils auch durch finanzielle Unterstützung förderten. Die kirchliche Bautätigkeit der kaiserlichen Familie erstreckte sich in Rom vorwiegend auf dem Gebiet außerhalb der Stadtmauern, wo sie über den Märtyrergräbern große Basiliken errichten ließen, um den wachsenden Pilgerscharen genügend Raum zu bieten (San Pietro in Vaticano, San Paolo fuori le mura, Sant' Agnese an der Via Nomentana, wahrscheinlich auch San Lorenzo fuori le mura). Innerhalb der Mauern veranlasste die kaiserliche Familie den Bau von Santa Croce in Gerusalemme und San Giovanni in Laterano. Anders als der Kaiser, begannen die Gemeinden ihre Bautätigkeit langsamer; sie errichteten in der Stadt erst allmählich ihre Kirchen, meistens auf Liegenschaften, die der jeweilige Grundstückseigentümer stiftete. Diese Bauten erhielten dann den Namen (Titel) des jeweiligen Stifters und werden deshalb Titelkirchen genannt. Sie galten als Filialen der römischen Stadtpfarrei, deren Hauptkirche die Lateranbasilika, die Kathedrale des römischen Bischofs, war. Zu den Titelkirchen gehören heute noch: San Clemente, Santa Pudenziana, Santi Giovanni e Paolo, Santa Sabina und andere. Gelegentlich wurde die Titelperson in späterer Zeit zu einem oder einer Heiligen umgedeutet, beispielsweise Santa Sabina.

326 war Konstantin zum letzten Mal in Rom. Er hatte die Hauptstadt nach Konstantinopel verlegt, wo er zukünftig als Alleinherrscher residierte. Dadurch konnte sich der römische Bischof eine weitgehende politische Unabhängigkeit bewahren, die von grundlegender Bedeutung für die weitere Entwicklung der Stadt und der christlichen Kirche im Westen des Reiches wurde.

Das Mittelalter

Rom vom 5. Jahrhundert bis zum Frühmittelalter

Nach dem Verfall des Römischen Reiches war Rom verschiedenen äußeren Gefahren ausgesetzt. 410 eroberte der Gotenkönig Alarich die Stadt. Mitte des 5. Jahrhunderts richteten die Plünderungen der Vandalen großen Schaden an. Im 6. Jahrhundert wurde Rom durch den Krieg zwischen Byzanz und den Goten schwer in Mitleidenschaft gezogen.

Später wurden die Langobarden zu einer besonderen Bedrohung der Stadt. Dieses Volk war 568 im Norden der italienischen Halbinsel eingedrungen und dehnte seinen Machtbereich allmählich aus. Als der Langobardenkönig Aistulf 751 das Exarchat Ravenna eroberte, mit dem sich der Papst verbündet hatte, war auch Rom im höchsten Maß gefährdet. In dieser bedrohlichen Lage wandte sich Papst Stephan II. an die

Franken; ihr König Pippin der Jüngere versprach dem Hilfesuchenden, die von Aistulf eroberten römischen Gebiete für Rom zurückzugewinnen („Pippinsche Schenkung"). Im Gegenzug salbte der Papst 754 den Frankenkönig und begründete dadurch das Gottesgnadentum: Der Herrscher galt fürderhin als zu diesem Amt von Gott Berufener. Durch Interventionen in den Jahren 754 bis 756 entriss Pippin den Langobarden die von Aistulf eingenommenen Gebiete (insbesondere das Exarchat Ravenna) und übergab sie dem Papst: Dadurch war der Grundstock für den Kirchenstaat geschaffen. Mit dem Papsttum gewann auch Rom wieder beträchtlich an Bedeutung.

Ein besonderes Ereignis fand am Weihnachtstag des Jahres 800 statt: In der Peterskirche wurde der Frankenkönig Karl der Große, ein Sohn Pippins, durch Papst Leo III. zum Kaiser gekrönt. Der Herrscher wohnte bei seinem Romaufenthalt auf dem Palatin; dort waren die Paläste der antiken Imperatoren noch nicht zerstört. Karl verdeutlichte auf diese Weise, dass er das Erbe der römischen Kaiser antrat. Jedoch wählte er nicht Rom als Residenzstadt, sondern das bereits vor 800 von ihm als Königssitz bevorzugte Aachen. Dort entstand ein Palast, dessen Pracht durchaus eines Kaisers würdig war. Noch ist in der Aachener Pfalzkapelle etwas von der einstigen Großartigkeit zu spüren.

Roms Katastrophe des 11. Jahrhunderts

Nachdem der deutsche König Heinrich IV. sich 1077 in Canossa noch Gregor VII. unterworfen hatte, kam es bald erneut zum Bruch zwischen Kaiser und Papst. Der Papst erkannte den im Reich gewählten Gegenkönig an; im Gegenzug nominierte Heinrich, über den Gregor gleichzeitig den Bann verhängt hatte, einen Gegenpapst (Clemens III.), mit dem er 1084 in Rom einmarschierte und der ihn dort zum Kaiser krönte. Gregor VII. war in die Engelsburg geflüchtet. Ein Großteil der Kardinäle hielt um diese Zeit nicht mehr zum Papst, und auch die römische Bevölkerung wandte sich mehrheitlich von ihm ab. Der Normannenführer Robert Guiscard jedoch konnte Gregor befreien und verwüstete mit seinen Soldaten grausam plündernd die Stadt.

Im 12. und 13. Jahrhundert setzte eine rege Bautätigkeit ein, die jedoch nicht annähernd den einstigen Glanz Roms wiederherzustellen vermochte. Zu schwer waren die Zerstörungen, die bereits bei den Eroberungen durch Goten und Vandalen und nun auch durch die Normannen angerichtet worden waren; hinzu kamen Erdbebenschäden. Die Bevölkerungszahl, die in der Antike vermutlich einmal eine Million betragen hatte, war stark geschrumpft.

Architektur und bildende Kunst im 12. und 13. Jahrhundert

Für die Bau- und Renovierungstätigkeit im 12. und 13. Jahrhundert seien hier nur wenige Beispiele genannt: Paschalis II. (1099–1118) ließ auf den Ruinen der frühchristlichen Basilika San Clemente die heutige Oberkirche errichten (s. S. 68 ff.). Unter Innozenz II. (1130–1143) wurde Santa Maria in Trastevere erneuert und mit einem bemerkenswerten Mosaik in der Halbkuppel der Apsis versehen (s. S. 78). Im 13. Jahrhundert erhielt die Pilgerkirche Santa Maria Maggiore ein Querhaus und einen neuen Chorabschluss (s. S. 95 f.). Auch die damals gegründeten Bettelorden trugen zur Bautätigkeit in Rom bei: Die Franziskaner vergrößerten und erneuerten die bereits bestehende Kirche Santa Maria in Araceli (S. 48 ff.), und an der Stelle eines Vorgängerbaus wurde Santa Maria sopra Minerva vom Orden des heiligen Dominikus errichtet (s. S. 141 f.). Diese Dominikanerkirche ist übrigens das einzige Beispiel gotischer Baukunst in Rom.

Die künstlerische Ausstattung der Bauwerke weist um diese Zeit ebenfalls einige Höhepunkte auf. Im 13. Jahrhundert wurden die Cosmaten mit ihren schön gestalteten Einlegearbeiten aus mehrfarbigem Stein berühmt. Ihre Kunst wurde für Rom charakteristisch (s. S. 109). Außerdem gelangte das Bildmosaik zu einer neuen Blüte, wobei zunächst byzantinische Einflüsse bestimmend waren; erst Ende des 13. Jahrhunderts wurde durch die Künstler Pietro Cavallini, Jacopo Torriti und Filippo Rusiti ein eigener Stil verwirklicht. Als bedeutender Bildhauer wirkte Ende des 13. Jahrhunderts Arnolfo di Cambio, der die gotische Formensprache in die Plastik einfließen ließ (Altarbaldachin in San Paolo fuori le mura).

Die Bau- und Renovierungsmaßnahmen und das künstlerische Schaffen des 12. und 13. Jahrhunderts bildeten übrigens eine gute Voraussetzung für das erste Heilige Jahr in der Kirchengeschichte, das 1300 von Bonifatius VIII. ausgerufen und mit großem Pomp gefeiert wurde. Große Pilgerscharen kamen aus diesem Anlass nach Rom. Ein letztes Mal erstrahlte die Ewige Stadt in voller Pracht, bevor sich während des päpstlichen Exils in Avignon der Niedergang Roms erneut fortsetzte.

Das Exil in Avignon

In der Spätantike hatten allmählich die Päpste in der Verwaltung der Tiberstadt die Rolle der Kaiser übernommen. Die damit verbundene Vormachtstellung blieb jedoch nicht immer unangefochten. Wie in anderen italienischen Städten strebten im Hochmittelalter auch die Römer mehr Selbstverwaltung an. Im 12. Jahrhundert gründeten sie eine eigene Kommune; dadurch wurde die weltliche Herrschaft des Papsttums nicht unwesentlich eingeschränkt.

Als eine andere Gefahr für die stadtpolitische Macht der Päpste erwiesen sich bereits seit dem 9. Jahrhundert die römischen Adelsgeschlechter, die sich nicht nur gegenseitig befehdeten, sondern auch immer wieder versuchten, massiv Einfluss auf die päpstlichen Entscheidungen zu nehmen. Um den Unruhen Roms zu entfliehen, verlegten im 13. Jahrhundert mehrere Päpste vorübergehend ihren Aufenthalt in andere Städte.

Bonifatius VIII., der – wie oben beschrieben – im Jahre 1300 der Ewigen Stadt noch das glanzvolle Heilige Jahr bereitet und gleichzeitig die päpstliche Machtstellung gefestigt hatte, wurde im September 1303 in Agnani unter der Mitwirkung der Colonna, einer in Latium und Rom ansässigen Adelssippe, gefangen genommen. Zwar konnte er kurz darauf an den Tiber zurückkehren, wo ihn die Orsini-Familie beschützte, aber innerlich gebrochen von der Demütigung der Gefangenschaft starb er bereits im Oktober 1303. Sein Nachfolger, Benedikt XI., der nur kurz regierte, verließ das unruhige und gefährliche Rom und verlegte seinen Amtssitz nach Perugia. Der nächste Papst, Clemens V., war ein Franzose, wurde in Lyon gekrönt und errichtete 1309 seine Residenz in Avignon. Mit ihm begann das etwa 70 Jahre dauernde päpstliche Exil in der allein durch die Päpste berühmt gewordenen provenzalischen Stadt.

Während die Päpste in Avignon residierten, übernahm in Rom der Notar Cola di Rienzo vorübergehend die Macht. Er versuchte, eine Stadtregierung in Anlehnung an antike Vorbilder zu schaffen, scheiterte aber nach anfänglichen Erfolgen (1347–49) und einer kurzen Wiederkehr (1354) kläglich und wurde bei der Erstürmung des Kapitols durch aufständische Volksmassen grausam ermordet.

Nachdem Urban V. (1362–1370) bereits vorübergehend seinen Amtssitz wieder nach Rom verlegt hatte, zog sein Nachfolger Gregor XI. (1370–1378) endgültig wieder in die

Tiberstadt. Am 17. Januar 1377 wurde er dort feierlich empfangen. Nach der jahrzehntelangen Abwesenheit der Päpste befand sich die Stadt aber in einem äußerst desolaten Zustand: Die Einwohnerzahl war nochmals drastisch gesunken, auf dem Kapitol weideten Ziegen, auf dem Forum Romanum Kühe. Weil der Lateranpalast, die frühere päpstliche Residenz, verfallen war, siedelte Gregor XI. auf den Vatikanischen Hügel, in die unmittelbare Nähe der Petersbasilika über.

Die Schismen der folgenden Jahre, in denen mehrfach drei Päpste gleichzeitig den Anspruch auf den Stuhl Petri erhoben, machten es unmöglich, die Probleme der Stadt konsequent und kontinuierlich anzugehen. Erst Martin V. (1417–1431), mit dessen Wahl das letzte große Schisma der Kirche endete, widmete sich mit ganzer Kraft dem Wiederaufbau Roms.

Renaissance und Barock

Das Zeitalter der Renaissance – ein Neubeginn

Zu Beginn des 15. Jahrhunderts hatte eine neue Geistesrichtung zu einem tiefgreifenden Wandel in Kunst und Architektur geführt: die Renaissance. Das neue Selbstbewusstsein des Menschen als Individuum führte zur Wiederentdeckung der antiken Portraitkunst. Ebenso wurde die malerische Perspektive wieder aufgegriffen und mit mathematischen Mitteln zu einer nie gekannten Vollkommenheit weiterentwickelt. So wurde eine am Objekt orientierte, möglichst genaue Wiedergabe des Menschen und seiner Umwelt verwirklicht, der Landschaft, der Gebäude, der Tiere und Pflanzen. Die Baumeister griffen die antiken Vorbilder der Säulenordnungen, Tonnengewölbe und Kuppeln auf, und mit diesen Elementen gestalteten sie Bauwerke von höchster Harmonie und Schönheit. Bestimmend wurden einfache, geometrische Formen, deren Zusammenspiel der Architektur Klarheit und Ausgewogenheit verlieh.

In ihrem Bemühen, Rom wieder aufzubauen und für sich selbst eine neue Residenz zu errichten, wandten sich die Päpste an Künstler und Baumeister, die in Florenz, der damaligen Hochburg der Künste, bereits zu Ansehen gelangt waren.

Nikolaus V. (1447–1455) versammelte eine Schar von Künstlern, Literaten und Wissenschaftlern um sich; der heute älteste Teil des Vatikanischen Palastes wurde in dieser Zeit errichtet. Die dortige Hauskapelle ließ Nikolaus V. von dem Dominikanerbruder Fra Angelico ausmalen, der durch die Ausgestaltung des Klosters San Marco in Florenz bereits berühmt geworden war. Das Vorhaben des Papstes, die baufällige Petersbasilika durch einen Neubau zu ersetzen, konnte jedoch noch nicht in Angriff genommen werden. Sein Nachfolger Sixtus IV. (1471–1484) ließ die nach ihm benannte Sixtinische Kapelle errichten. Dem umbrischen Maler Pietro Perugino übertrug er die Leitung für die Freskierung der Wände. Außer Perugino waren daran bedeutende Künstler der Florentiner Schule beteiligt: Sandro Botticelli, Domenico Ghirlandaio, Luca Signorelli, Cosimo Rosselli. Erst Julius II. (1503–1513) beauftragte Michelangelo damit, die Decke der Sixtinischen Kapelle zu gestalten. Für die malerische Ausstattung der päpstlichen Gemächer (Stanzen) berief er aus Florenz den erst 25-jährigen Raffaelo Santi (bekannt unter dem Namen Raffael), der von diesem Zeitpunkt an bis zu seinem Tod in Rom wirkte und im Pantheon beigesetzt ist.

Julius II. nahm nun auch den anstehenden Neubau der Peterskirche in Angriff und gewann als Architekten den bereits in Mailand bekannt gewordenen Bramante. Der Plan des Papstes, für sich ein großes Grabmonument errichten zu lassen, das in der neuen Peterskirche aufgestellt werden sollte und mit dessen Gestaltung er Michelangelo beauftragt hatte, konnte nicht mehr ausgeführt werden. Julius II. fand seine letzte Ruhestättte in San Pietro in Vincoli, wo Michelangelos großartige Moses-Statue sein Grabmal schmückt (vgl. S. 81 f.). Er war der große Renaissance-Mäzen unter den Päpsten: Er förderte die Künste mit außerordentlicher Großzügigkeit und stellte sie in den Dienst seiner eigenen Selbstdarstellung.

Der aus der Familie Farnese stammende Papst Paul III. (1534–1549) beauftragte Michelangelo mit der Darstellung des Jüngsten Gerichts an der Altarwand der Sixtinischen Kapelle. Außerdem übertrug er ihm die Gestaltung des Kapitolsplatzes (vgl. S. 47). Bereits vor seinem Pontifikat hatte Paul III. mit dem Bau des Palazzo Farnese begonnen, der die vollkommene Gestalt eines Renaissancepalastes repräsentiert (vgl. S. 145 f.). Von tiefgreifender Bedeutung für den Fortgang der Baumaßnahmen an der neuen Peterskirche war die Entscheidung Pauls III., die Bauleitung Michelangelo zu übertragen.

Der Vergleich zwischen dem Entwurf Bramantes und dem Michelangelos zeigt die Entwicklung in der Planung dieses monumentalen Bauwerks: Der Grundriss Bramantes hat einfache, klare Formen (Kreis, Halbkreis, Quadrat). Aus diesen Elementen wurde ein großer kuppelüberwölbter Zentralbau gestaltet, in dem sich um einen zentralen Raum (dem Schnittpunkt der gleich langen Kreuzarme) kleinere, ebenfalls quadratische Säle gruppieren. Michelangelos Entwurf öffnet diese Räume und vergrößert das Zentrum sowie seine Überwölbung, wozu die Kuppelpfeiler verstärkt werden mussten. Es entsteht ein Raum, der das freie Umschreiten des Zentrums gestattet und der sich einerseits weitet, anderseits den Eindruck größerer Massigkeit hervorruft. Alles wirkt großzügig, überschaubar und einheitlich, die Kuppel krönt einen schier ins Endlose aufsteigenden Raum. Hier vollzieht sich bereits der Übergang von der Renaissance zum Barock. Obwohl in späterer Zeit dem Zentralbau Michelangelos ein Langhaus vorgelagert wurde, vermittelt heute noch das kuppelüberwölbte Zentrum der Peterskirche den grandiosen Eindruck des Entwurfs Michelangelos. Der Eindruck wird noch dadurch gesteigert, dass die Eintretenden beim Durchschreiten des Langhauses erst Schritt für Schritt auf das Erlebnis des Zentrums vorbereitet werden (vgl. S. 113 f.).

Reformation und katholische Reform

Im 16. Jahrhundert erschütterten zwei Ereignisse die Ewige Stadt. Zum einen meldete die Reformation im Norden Europas ihren Widerstand gegen das verweltlichte Papsttum an, zum anderen fielen 1527 die Truppen des deutschen Kaisers Karl V. in Rom ein und plünderten erbarmungslos die Stadt. Dieser Sacco di Roma, der eine Hungersnot hervorrief und von einer Pestepidemie begleitet war, zerstörte das nach Harmonie strebende Bewusstsein der Renaissance. Michelangelos „Jüngstes Gericht" in der Sixtinischen Kapelle drückt bereits die seelische Erschütterung aus, die der Sacco di Roma ausgelöst hat (vgl. S. 130 f.).

Für das Verständnis der Reformation ist es wichtig, einen Blick auf die Vorgeschichte zu werfen. Seit dem Mittelalter gab es verstärkt Reformkräfte, unter denen Franziskus von Assisi einen unübersehbaren Akzent setzte. Während im ausgehenden Mittelalter und in der beginnenden Neuzeit die Orden eine lebendige Erneuerungsbewegung (beispielsweise die Observanz der Franziskaner) hervorbrachten, schafften die Päpste den Durchbruch nicht, auch wenn unter ihnen reformwillige waren. Im 16. Jahrhundert beschritten dann die Reformatoren (vor allem um Martin Luther) und die katholischen Reformer unterschiedliche Wege, die dann nolens volens zur Kirchenspaltung führten. Erst das Tridentinische Konzil (1545–1564) als Antwort auf die Reformation bewirkte eine umfassende Erneuerung der katholischen Kirche, unter anderem eine Verbesserung der Seelsorge, die Intensivierung der Predigttätigkeit und ein höheres Ausbildungsniveau des Klerus; leider wurde damit auch die Abgrenzung zu den reformatorischen Kirchen besiegelt, eine Wiederannäherung der Konfessionen war damit auf lange Sicht ausgeschlossen. Die mit dem Konzil von Trient eingeleitete katholische Reform bot aber die Voraussetzung für ein allseits verjüngtes katholisches Leben, für eine neu erwachte kirchliche Begeisterung und für das wiedergewonnene Selbstbewusstsein des Katholizismus. Der Barock gilt allgemein als Ausdruck dieses neuen Bewusstseins und Lebensgefühls.

1534 hatte sich in Paris der spanische Student Ignatius von Loyola mit einigen jungen Männern durch ein Gelübde verpflichtet, entweder zur Missionierung ins Heilige Land zu ziehen oder – falls dies nicht möglich sei – sich dem Papst zur Verfügung zu stellen. Als sich ihre Reise nach Palästina als undurchführbar erwies, ließen sie 1540 ihren Zusammenschluss unter der Bezeichnung Societas Jesu (Gesellschaft Jesu) vom Papst bestätigen, dem sie ihre gesamte Arbeit unterstellten. Die Aufgaben der sofort stark wachsenden Gemeinschaft ergaben sich aus den Nöten und Erfordernissen der damaligen Zeit: Predigttätigkeit, religiöse Bildung der Jugend und Ausbildung des Klerus wurden ihre Tätigkeitsfelder. Von 1537 bis zu seinem Tod (1556) lebte Ignatius von Loyola in Rom.

Ihr besonderer Dienst innerhalb der Katholischen Reform veranlasste die Jesuiten, einen völlig neuen Kirchenbautypus zu entwickeln: Damit die Gläubigen den Predigten besser folgen konnten, sollte der Sakralraum großzügig sein und einheitlich wirken. So entstand mit der Kirche Il Gesù zum ersten Mal – entsprechend der jesuitischen Auffassung – ein weiträumiger Bau mit klarer Gliederung: Statt mächtiger Seitenschiffe besitzt er kleine Seitenkapellen; die Apsis ist kurz, und das breite Langhaus geht unmittelbar in die kuppelüberwölbte Vierung über. So werden die Seitenkapellen, die Apsis und die Kuppel dem Gesamtbild untergeordnet, und es entsteht eine einheitliche Raumwirkung. Il Gesù wurde zum Vorbild zahlreicher römischer Barockkirchen und richtungweisend für den Sakralbau in ganz Europa (s. S. 147 ff.).

Soll die religiöse Erneuerung im damaligen Rom charakterisiert werden, darf auch Filippo Neri nicht vergessen werden. Er wurde 1515 in Florenz geboren, kam als junger Mann in die Ewige Stadt, wurde 1551 zum Priester geweiht und starb 1595 in Rom, wo er in der Kirche Santa Maria in Vallicella (auch Chiesa Nuova genannt) beigesetzt ist. Die Ausstrahlung dieses volkstümlichen Heiligen beruhte maßgeblich auf seiner Heiterkeit und schlichten Lebensweise; ob er predigte, Wallfahrten zu den römischen Hauptkirchen organisierte oder sich einfach für die Menschen Zeit nahm – immer tat er es mit munterer Herzlichkeit. Er gründete das später nach ihm benannte „Oratorium“, in dem Priester im Geist des Gründers tätig sind.

Roms städtebauliche Neugestaltung im Barock

Durch das Tridentinische Konzil und die Katholische Reform wurde die Ewige Stadt als Zentrum der römisch-katholischen Kirche bestätigt. Und Rom fand so nach den Demütigungen des Sacco di Roma wieder neues Selbstbewusstsein.

Besonderes Augenmerk richteten die Päpste nun auf die städtebauliche Gestaltung, zumal im Zug der Frömmigkeitserneuerung die Wallfahrten in starkem Maß zunahmen. Sixtus V. (1585–1590) beabsichtigte, die sieben Hauptkirchen durch Straßen miteinander zu verbinden. Außerdem sollten von der Piazza del Popolo, wo die Pilgergruppen aus dem Norden jeweils eintrafen, strahlenförmig Straßen in die Stadt führen. Die Punkte, an denen Straßen zusammenliefen oder endeten, sollten durch Plätze, Obelisken und herausragende Gebäude markiert werden. Nicht alle städtebaulichen Pläne, die auf Sixtus V. zurückgehen, wurden verwirklicht; trotzdem wurden seine Vorstellungen zum Fundament für den Ausbau Roms zur großen Barockstadt. Die für diese Epoche bezeichnende Großzügigkeit (hier in der Gestaltung der Plätze und des Straßensystems), verbunden mit den überall im Stadtbild gegenwärtigen Kuppeln vieler Barockkirchen, prägt heute noch maßgeblich den Gesamteindruck Roms.

Die Straßen und Plätze des barocken Rom bergen eine Kostbarkeit, die der Ewigen Stadt ein ganz besonderes Gesicht verleiht: die zahlreichen großen und kleinen Brunnen. Als nach der Rückkehr der Päpste aus Avignon die Einwohnerzahl wieder zunahm, musste die Stadt ausreichend mit Wasser versorgt werden. Einst schaffte das antike Leitungssystem – eine großartige Ingenieurleistung – stets frisches Wasser aus den umliegenden Bergen herbei; dieses war aber im Mittelalter teils zerstört worden, teils verkommen und musste nun repariert und ausgebaut werden. Auch hierbei machte sich Sixtus V. besonders verdient. Beispielsweise ist die von ihm errichtete Aqua Felice (Via XX. Settembre/ Piazza di S. Bernardo) der erste der großen römischen Brunnen. In der Zeit des Barock sollte auch die Wasserversorgung repräsentativ sein. Es genügte nicht, dass die Brunnen nur ihre Funktion zum Wasserschöpfen erfüllten, sie sollten auch als Denkmäler dienen, zur Verschönerung beitragen und dem großen Wunsch nach Repräsentation einer neu erstarkten Stadt entsprechen. Auf vielen Plätzen Roms markieren sie den Mittelpunkt oder betonen eine Platzseite, sie laden zum Verweilen ein, zum Anschauen und zum Lauschen auf die rauschenden oder plätschernden Wasser.

Die Päpste setzten ihr Engagement für die künstlerische Gestaltung Roms auch nach der Barockzeit fort – mal stärker, mal verhaltener. Der große Einschnitt kam erst 1870 mit der Auflösung des Kirchenstaates: Im Zuge der nationalen italienischen Einigungsbewegung (des Risorgimento) besetzten italienische Truppen 1870 die Ewige Stadt. Rom wurde Hauptstadt Italiens und der Kirchenstaat aufgelöst. Das weltliche Erbe der Päpste trat nun der italienische Staat an. Sichtbarster Ausdruck dafür war der Amtssitz des Königs: Dieser residierte fortan im Quirinalpalast, der früheren päpstlichen Sommerresidenz (vgl. S. 151 f.). Heute ist der Quirinalpalast Residenz des Präsidenten der Republik. Das Verhältnis der Päpste (und der Katholiken) zum italienischen Staat blieb durch die Ereignisse von 1870/71 lange belastet. Erst mit den Lateranverträgen von 1929, die auch die Grundlage für die Souveränität des heutigen Vatikanstaates bilden, wurde ein dauerhafter, seither nicht mehr in Frage gestellter Ausgleich gefunden.

Vom Kapitol zum Kolosseum

Das Kolosseum

- *Das Kapitol*
- *Das Forum Romanum*
- *Der Palatin*
- *Das Kolosseum*

Staaten und Herrscher hatten zu allen Zeiten das Bedürfnis, durch städtebauliche Projekte oder imposante Gebäude sich selbst darzustellen, zu repräsentieren. Im antiken Rom besaßen vor allem das Forum Romanum und die Kaiserpaläste auf dem Palatin diese Funktion. (Das Wort „Palast" geht sprachlich auf „Palatin" zurück !)

Im 6. vorchristlichen Jahrhundert hatte man die feuchte Niederung zwischen Palatin, Quirinal und Kapitol trockengelegt und dort einen Marktplatz angelegt, das *Forum*. In republikanischer Zeit entwickelte sich diese ursprünglich dem Handel dienende Anlage allmählich zum Schauplatz der gesellschaftlichen und staatlichen Repräsentation. Durch die Errichtung prachtvoller Bauten wurde hier ein Ort für die öffentlichen Reden, für Triumphzüge und für religiöse Feiern geschaffen, der er bis in die Kaiserzeit blieb. Auch die von einigen Kaisern angelegten Foren (die „Kaiserforen", heute teilweise durch die Via dei Fori Imperiali überbaut) verringerten keineswegs die Bedeutung des Forum Romanum. Die kaiserlichen Familien selbst richteten sich nach und nach auf dem *Palatin* ein und ließen dort für sich prächtige Gebäudekomplexe anlegen. Diese beiden – Forum Romanum und Palatin – wurden somit schließlich zum Symbol römischer Staats- und Herrschergewalt.

Das politische und religiöse Zentrum des antiken Rom aber war das *Kapitol*. Hier fanden die Triumphzüge ihren feierlichen Abschluss, hier wurden die staatlichen Opfer dargebracht. Der heute als Campidoglio bezeichnete Hügel besteht aus zwei Kuppen, von denen im Altertum gewöhnlich nur die höhere (die südwestliche) als Capitolium bezeichnet wurde; die niedrigere (wo heute Santa Maria in Araceli steht) hieß Arx, weil sich hier die Burg (*lat.* ARX) befand. Dorthin brachten die Römer sich in Sicherheit, wenn Gefahr drohte. Als 387 v. Chr. die Gallier Rom besetzt hatten, verriet das berühmte Geschnatter der Gänse den Versuch der Angreifer, in der Nacht die den Römern Schutz bietende Arx zu erobern (Livius V, 33–49). Auf dem Capitolium erhob sich der Tempel des Jupiter. Diesen Sitz des Hauptgottes bezeichnete Tacitus einmal als „das feierlich von den Vorfahren begründete Unterpfand unserer Herrschaft" (Tacitus, Historien III 72,1). Man glaubte, dass die Herrschaft Roms so lange andauere, wie der Kapitolinische Tempel existiere und dem Jupiter geopfert werde. Man kann von daher die Ungeheuerlichkeit ermessen, die Christen begingen, als sie das Opfer ablehnten: Die Machthaber mussten ihnen vorwerfen, dass sie den Fortbestand des Römischen Reiches gefährdeten.

Die Ruinen der antiken Bauten haben noch solch imposante Ausmaße, dass die Besucherinnen und Besucher sich leicht die ursprüngliche Pracht und Großartigkeit des Forums und des Palatins vorstellen können. Nicht ohne Schaudern wird dabei mancher an die Christen des alten Rom denken, die mit einer derart sich darstellenden imperialen Staats- und Herrschermacht in Konflikt gerieten.

Den Abschluss der kurzen Reise ins Altertum soll das *Kolosseum* bilden. Beim Besuch dieses Amphitheaters wird häufig an die vielen Märtyrer erinnert. Papst Benedikt XIV. hat 1750 das Bauwerk zum Denkmal für die Christen erhoben, die ihres Glaubens wegen getötet wurden. Dem Gedächtnis der Märtyrer gilt insbesondere das am Rand der Arena aufgestellte Bronzekreuz.

Jedoch ist es ungewiss, ob im Kolosseum überhaupt Christen sterben mussten. Die Überlieferungen der ersten christlichen Jahrhunderte nennen nur andere Amphitheater als Stätten des Martyriums. Trotzdem ist es gut, einen Erinnerungsort für die vielen Menschen zu haben, die Opfer der christenfeindlichen römischen Macht wurden. Jährlich betet der Papst am Karfreitag im Kolosseum mit vielen Gläubigen den Kreuzweg.

Das Kapitol

Piazza di Campidoglio (der Kapitolsplatz)

Der Kapitolsplatz ist von der Piazza d' *Araceli* aus über eine Freitreppe erreichbar, deren oberste Stufe von antiken Skulpturen der Dioskuren Castor und Pollux flankiert wird. Die Mitte des trapezförmigen Platzes nimmt das bronzene Reiterstandbild des Kaisers *Marc Aurel* ein; 1997 wurde es durch eine Kopie ersetzt, weil das Original durch die Umweltbelastung stark gefährdet war; das Original wurde nach sorgfältiger Restaurierung im Palazzo Nuovo der Kapitolinischen Museen untergebracht. Es gab viele Reiterdenkmäler der römischen Kaiser, aber nur dieses eine ist erhalten geblieben, und zwar durch einen Irrtum: Die Christen hielten es für eine Darstellung Konstantins des Großen, als sie die Monumente der heidnischen Machthaber zerstörten. Die Fassaden des Konservatorenpalastes (rechts) und des Palazzo Nuovo (links) wurden von Michelangelo entworfen; sie sind in der Form identisch und erweisen sich dadurch als eigentliche Träger der Platzsymmetrie. Sie leiten den Blick auf den *Senatorenpalast*, der den feierlichen Abschluss des Platzes bildet. In diesem Palazzo Senatorio befindet sich der Sitz des Bürgermeisters und versammelt sich der Stadtrat. Das Gebäude bestand bereits, als Michelangelo im 16. Jahrhundert die Neugestaltung des Kapitolsplatzes übernahm. Der Künstler fügte die grandiose Freitreppe an und legte einen Entwurf für die Fassade vor, der nach seinem Tod mit einigen Veränderungen ausgeführt wurde. Zwischen den zwei Aufgängen der Treppe schwingt sich ein Brunnen vor, der in der zentralen Nische eine kleine Sitzfigur birgt: Sie stellte ursprünglich die Minerva dar, wurde aber zur Stadtgöttin Roma umgewandelt. Der Brunnen wird von den Liegestatuen der Flussgottheiten Nil (links) und Tiber (rechts) flankiert.

Im Konservatorenpalast und im *Palazzo Nuovo* befinden sich die *Kapitolinischen Museen*, die vorwiegend antike Ausstellungsstücke zeigen, darunter einige Hauptwerke: Im Palazzo Nuovo die „Kapitolinische Venus“ und der „sterbende Gallier“. Im Palazzo dei Conservatori der „Dornauszieher“ und die „Kapitolinische Wölfin“. Im Hof des Konservatorenpalastes sind Fragmente der Kolossalstatue Konstantins des Großen zu sehen, die in der Maxentius-/Konstantinsbasilika aufgestellt war.

Santa Maria in Araceli

Diese Kirche erhebt sich auf der nordöstlichen Hügelkuppe, dort wo im Altertum die Arx stand. Zu der schlichten Backsteinfassade mit dem markanten Mittelportal führt von der Piazza d' Araceli eine steile Treppe hinauf. Vom Kapitolsplatz aus besitzt die Kirche auch einen Seiteneingang, der sich hinter dem Palazzo Nuovo befindet.

Eine kleine Kirche, die bereits im 7. Jahrhundert hier stand, wurde im 10. Jahrhundert den Benediktinern anvertraut. Im 13. Jahrhundert übernahmen Franziskaner die Kirche. Sie erneuerten und vergrößerten sie zu der jetzigen Form. Die Franziskaner betreuen die Kirche bis heute.

Die Bezeichnung „Santa Maria in Araceli" geht auf eine Erzählung zurück, deren früheste Erwähnung sich in der Chronographia des Johannes Mala'las (6. Jh.) befindet; ihre endgültige Ausprägung erhielt sie in der Legenda Aurea des Jacobus de Voragine (13. Jh.): Die Tiburtinische Sibylle prophezeite Augustus die Ankunft eines Königs, und dem Kaiser zeigte sich im geöffneten Himmel über einem Altar eine Jungfrau, in den Armen das Kind haltend, während eine Stimme sprach: „Haec ara filii Dei est" (= Dieser Altar gehört dem Sohne Gottes). Daraufhin erbaute Augustus diesem göttlichen Herrscher einen Altar: die ARA COELI (= Altar des Himmels).

Der wahre Kern dieser Erzählung ist in der Heilserwartung zu suchen, die zur Regierungszeit des Kaisers Augustus des ganze Reich und insbesondere die Hauptstadt erfüllte: Unabhängig von der Messiaserwartung des Judentums sah das heidnische Rom ein goldenes Zeitalter herannahen, in dem die Erneuerung der Menschheit erhofft wurde; es verbreitete sich eine Atmosphäre, die durchaus die Bezeichnung Adventsstimmung verdient. Der Lyriker Vergil (70–19 v. Chr.) hat das Kommen der Heilszeit in einem Gedicht besungen

(4. Ekloge); er beginnt: „Schon zieht der Weltalter letztes herauf nach den Worten der Sibylle." Weiter ist die Rede von der „göttlichen Jungfrau" und der „Geburt des Knaben". Innerhalb des Christentums wurde häufig die Auffassung vertreten, Vergil habe hier – ohne es zu wissen – prophetisch die Ankunft Christi angekündigt. Das heidnische Volk jedoch glaubte damals, Augustus sei der Weltheiland, der dem Erdkreis die goldene Zeit bringe. An Vergils Prophezeiung anknüpfend, veranstaltete der Kaiser in Rom eine zwölftägige Adventsfeier, bei der sich das Volk von vergangener Schuld reinigte und den Göttern Opfer darbrachte, um Segen, Gnade und Fruchtbarkeit zu erlangen.

Zurück zu Santa Maria in Araceli: Die Kirche ist ein Kleinod der mittelalterlichen Baukunst. Anders als in den Ländern nördlich der Alpen, wo das Mittelalter den gewölbten Raum bevorzugte, orientierte man sich in Rom an den frühchristlichen Bauten mit ihren Flachdecken und antiken Säulenordnungen. Die Decke wurde im 16. Jahrhundert mit Schiffssymbolen ausgeschmückt, die an den Seesieg des Marcantonio Colonna bei Lepano erinnern. Die Kirche enthält zahlreiche Grabmäler; beachtenswert ist dasjenige des Giovanni Crivelli von Donatello (neben dem Haupteingang). Die erste Seitenkapelle vom Haupteingang aus rechts wurde in den achtziger Jahren des 15. Jahrhunderts von Pinturicchio ausgemalt und zeigt Szenen aus dem Leben des Bernardin von Siena (zu diesem Heiligen vgl. S. 210). Die beiden Kanzeln an den Pfeilern vor der Apsis gelten als herausragende Arbeiten der Cosmatenfamilie (zu den Cosmaten vgl. S. 109). Im linken Querschiff steht ein kleiner Rundbau mit acht Säulen (1605 entstanden), in dem Reliquien der heiligen Helena verehrt werden. Vom linken Querschiff führt eine Türe zu dem Raum, in dem das Santo Bambino aufbewahrt wird. Die ungefähr 15 cm hohe Figur des Jesuskindes – mit Krone und reich besticktem Gewand – ist im 16. Jahrhundert aus Olivenholz des Gartens Getsemani geschnitzt worden. Man brachte es den Kranken. In der Weihnachtszeit pilgern Familien hierher. Kinder aus aller Welt schreiben dem Jesusknaben Briefe, die ungeöffnet dem Santo Bambino zu Füßen gelegt werden. Vor einigen Jahren wurde die Figur gestohlen; sie ist nun durch eine Kopie ersetzt worden.

Der Marmertinische Kerker

Gehen wir vom Kapitolsplatz zum Forum Romanum hinunter, kommen wir an der kleinen Kirche San Giuseppe dei Falegnami (spätes 16. Jh.) vorbei. In ihrem Untergeschoss befinden sich Teile des antiken Staatsgefängnisses, die als Marmertinischer Kerker bezeichnet werden. Wann das Staatsgefängnis errichtet wurde, ist nicht bekannt, aber bereits die Aufständischen des Anführers Gaius Gracchus wurden 121 v. Chr. hier inhaftiert, ebenso der von Caesar besiegte Gallierführer Vercingetorix. Von diesem Gebäude ist die Zelle der zum Tode Verurteilten erhalten geblieben: ein kreisrunder fensterloser Raum, der nur durch ein Loch in der Decke zugänglich war. Der römische Geschichtsschreiber Sallust beschreibt in der „Verschwörung des Catilina" dieses Verließ: „Es gibt im Staatsgefängnis einen Raum, der Tullianum genannt wird. […] Er ist ungefähr 12 Fuß in die Tiefe hinunter ausgeschachtet; ihn sichern ringsum Mauern; nach oben ist er durch ein steinernes Gewölbe abgedeckt. Durch seinen verwahrlosten Zustand, die Dunkelheit und den Gestank ist der Eindruck widerwärtig und schrecklich" (Catilinae Coniuratio, 55, 3–6).

Nach der legendären Pseudo-Linus-Akte, einer wahrscheinlich im 6. Jahrhundert entstandenen Erweiterung der Petrus-Akte, soll der Apostel im Tullianum eingekerkert worden sein; dort habe er zwei Wachsoldaten bekehrt, und, da kein Wasser zur Taufe vorhanden war, sei in der Wand eine

Quelle entsprungen. Zur Erinnerung an dieses Ereignis ist das Verließ im 16. Jahrhundert in eine Kapelle (San Pietro in Carcere) umgewandelt worden: Über einem kleinen Altar stellt ein Relief dar, wie Petrus die Wächter tauft. Der Marmertinische Kerker befindet sich im Kellergeschoss von San Giuseppe dei Falegnami und ist durch diese Kirche erreichbar.

Neben San Giuseppe dei Falegnami führt eine kleine Treppe zu einer Terrasse, von der aus sich ein lohnender Blick auf das Forum Romanum bietet.

Das Forum Romanum

Der vom Kapitol aus nächste Eingang zum Ausgrabungsfeld, das das Forum und den Palatin umfasst, befindet sich an der Via Salara Vecchia.

Gleich hinter dem Eingang wird der Weg von zwei bedeutsamen Gebäuden flankiert: Links steht der hohe, später in eine Kirche umgewandelte *Tempel des Antonius und der Faustina*: Eine große Freitreppe führt vom Forum zur Vorhalle des Tempels hinauf, die noch vollständig die antike Säulenordnung mit reliefverziertem Architrav besitzt. Dahinter ragt die barocke Fassade mit dem Eingang zur Kirche San Lorenzo in Miranda empor. Die Errichtung des Tempels basiert auf einem Beschluss des Senates, der die Frau des Kaisers Antonius nach ihrem Tod (141 n. Chr.) für göttlich erklärte. Als auch ihr Ehemann starb (161 n. Chr.) und man ihn anschließend vergöttlichte, wurde diese Kultstätte auch ihm geweiht.

Auf der rechten Seite des Weges erstreckt sich der Sockel der 179 v. Chr. errichteten *Basilica Aemilia*, benannt nach dem Erbauer Marcus Aemilius. Im Laufe der Jahrhunderte wurde sie mehrmals erneuert und verändert. Zum Forumsplatz hin besaß sie Ladenlokale, der Innenraum diente als Versammlungshalle. Die noch erhaltenen Säulenstümpfe lassen die Einteilung der Basilika in Längsschiffe gut erkennen.

In Richtung Kapitol erhebt sich ein schlichtes, aber wohlproportioniertes Backsteingebäude, das ursprünglich mit Marmor verkleidet war: die Curia (das Gebäude, wo der Senat tagte). Sie wurde von Caesar anstelle eines nicht mehr erhaltenen Vorgängerbaus errichtet, aber erst 29 v. Chr. von seinem Adoptivsohn Oktavianus (Augustus) eingeweiht; eine Erneuerung erfolgte um 300 durch Kaiser Diokletian. Der schlichte Innenraum ist mit einem schönen Fußboden aus verschiedenen Marmorplatten geschmückt.

Vor der Curia (zum Kapitol hin) ragt der *Triumphbogen des Septimus Severus* empor, der diesem Kaiser anlässlich seines zehnjährigen Amtsjubiläums (203 n. Chr.) errichtet wurde. Die Reliefs über den seitlichen Durchgängen zeigen Szenen aus seinen Feldzügen.

Links neben dem Septimus-Severus-Bogen erhebt sich das 3 m hohe Podium der *Rostra*, der Rednerbühne. Von der hinteren Seite führen geschwungene Stufen zu ihr hinauf; die Vorderseite (zum Forum hin, wo das Volk sich versammelte) hatte man mit den Rammspornen (= *lat.* rostra) erbeuteter Schiffe verziert. Caesar ließ die Rostra hier errichten, nachdem die alte Rednerbühne wegen einer Neugestaltung des Forums abgerissen worden war.

Zwischen Rostra und Curia befindet sich unter einer Überdachung eine Bodenöffnung. Dort legten die 1899 durchgeführten Ausgrabungen unter einer schwarzen Marmorplatte (dem LAPIS NIGER = schwarzen Stein) ein Kultareal frei, das eine in archaischem Latein verfasste Inschrift enthielt (vermutlich 6. Jh. v. Chr.). Hier befindet sich angeblich das Grab des sagenumwobenen Stadtgründers Romulus.

Auf der anderen Seite der Rostra erheben sich acht Säulen, die einen Architrav tragen: die Überreste des *Saturntempels*, im 5. Jahrhundert v. Chr. errichtet und zunächst 42 v. Chr. erneuert, dann noch einmal im 3. oder 4. Jahrhundert wiederhergestellt. Diese Kultstätte galt als sehr ehrwürdig. Jährlich fanden die mehrtägigen Feste zu Ehren des Saturn, die Saturnalien, statt. In dem hohen Unterbau des Tempels war der römische Staatsschatz, das AERARIUM, verborgen.

Vor der Rostra ragt die hohe *Phocas-Säule* empor. Sie wurde 608 n. Chr. zu Ehren des byzantinischen Kaisers Phocas aufgestellt.

Durchschreitet man von hier aus den Forumsplatz, so zeigt sich rechts das Podium mit den Säulenstümpfen der *Basilica Julia*. Diese Gerichtshalle ist nach Gaius Julius Caesar benannt, der sie bei der Neugestaltung des Forums anstelle eines älteren Baus errichten ließ.

Einige Worte zum Bautyp Basilika: Es handelt sich in der Regel um längsgerichtete Hallen, die durch Säulen in drei oder fünf Schiffe geteilt sind, wobei die Seitenschiffe meistens niedriger sind, so dass über ihnen Emporen verlaufen können. An einer der beiden Schmalseiten befindet sich das Tribunal, eine Bühne, auf der die obrigkeitlichen Personen bei Amtshandlungen Platz nahmen. Diese Stelle ist häufig durch eine Apsis betont. Die Basiliken gehörten zum Standard jedes Forums und erweiterten mit ihren überdachten Räumen das Aktionsfeld der Marktplätze. Insofern dienten sie als Markthalle, Gerichtssaal, Bankgebäude oder als allgemeine Versammlungsstätte. Als die Christen nach Erlangung der Religionsfreiheit einen geeigneten Bautyp für ihre Kirchen suchten, griffen sie auf die Form der Forumsbasiliken zurück: Die mehrschiffigen Hallenbauten konnten die große Anzahl der Gläubigen aufnehmen und waren zur Apsis hin ausgerichtet, wo gewöhnlich der Altar und der Sitz des Bischofs aufgestellt wurden.

Zurück zum Forum: Neben der Basilica Julia erhebt sich ein hohes Podium, das drei schlanke fein kannelierte Säulen mit korinthischem Kapitell trägt: die Reste des *Dioskurentempels*. Bereits 484 v. Chr. hatte man den beiden Zwillingsbrüdern Kastor und Pollux (den Dioskuren) an dieser Stelle einen Tempel errichtet, der in der frühen Kaiserzeit erneuert wurde. Die besondere Verehrung der beiden, die als Söhne des Zeus galten, geht auf eine Sage zurück:

Nachdem der sagenumwobene König und Tyrann Tarquinius Superbus im Jahr 510 (?) v. Chr. vertrieben worden war, verbündete er sich mit den Latinern und brachte Rom in Bedrängnis; es kam zur Schlacht am Regiller See, bei der die Römer den Sieg davon trugen. Die Sage weiß zu berichten, dass die Dioskuren damals den Römern zu Hilfe kamen und die Zwillingsbrüder die Siegesnachricht selbst in die Tiberstadt brachten. Neben der Juturnaquelle (auf dem Forum), wo sie ihre Pferde getränkt hatten, wurde ihnen zu Ehren dann der Tempel erbaut.

Zwischen dem Dioskurentempel und der Basilica Aemilia befindet sich das teilweise von Gras überwachsene Podest des *Caesartempels* (Tempel des Divus Julius). Der Senat hatte 42 v. Chr. beschlossen, dass Caesar – er war bekanntlich 44 v. Chr. ermordet worden – als Gott zu verehren sei. Hierdurch wurde die Grundlage für den Bau eines Tempels zu Ehren des Divus Julius (des göttlichen Julius Caesar) geschaffen.

Hinter dem Dioskurentempel steht – etwas nach links versetzt – die Kirche *Santa Maria Antiqua* aus dem 6. Jahrhundert. Sie wurde in Teile des Augustus-Tempels hineingebaut und enthält bedeutende Fresken aus dem frühen Mittelalter. Leider ist die Kirche gewöhnlich geschlossen und nur mit Sondergenehmigung zugänglich.

Links neben dem Dioskurentempel erheben sich die Fragmente eines Rundbaus, dessen Gestalt noch gut erkennbar ist: Ein hohes, fein gegliedertes Podest; ein äußerer Ring von kannelierten Säulen mit korinthischem Kapitell und schlichtem Architrav; eine kreisrunde Cella, die außen mit Halbsäulen geschmückt ist. Es handelt sich um den *Tempel der Vesta.* Er wurde Ende des 2. Jahrhunderts n. Chr. anstelle einer durch Brand zerstörten Kultstätte errichtet. Vesta war die Göttin des häuslichen Herdes. Ihr Kult wurde von der Familie (der privaten Gemeinschaft) auf die staatliche Gemeinschaft ausgedehnt. Somit brannte im Vestatempel ständig ein kultisches Herdfeuer, mit dessen Versorgung Priesterinnen, die Vestalinnen, beauftragt waren. Vesta war Schutzgöttin des Staates, und der Dienst der Vestalinnen hatte in der Öffentlichkeit ein hohes Ansehen. Neben dem Rundtempel erstreckt sich das Wohngebäude der Priesterinnen, das *Atrium Vestae*: Erhalten geblieben sind Teile der Hofanlage mit einem Wasserbecken sowie zahlreiche Statuen. Das Leben der Vestalinnen war ganz von ihrem religiösen Dienst geprägt. Das Atrium Vestae durften sie nur bei feierlichen Gelegenheiten verlassen. Sie begannen ihren Dienst schon im Mädchenalter und verrichteten ihn dann 30 Jahre lang. In dieser Zeit waren sie nicht verheiratet und diejenigen, die sexuelle Beziehungen zu einem Mann eingingen, mussten mit einer schweren Strafe rechnen: Sie wurden lebendig begraben.

Dem Haus der Vestalinnen gegenüber steht der *Romulustempel*, ein Backsteinbau des 4. Jahrhunderts n. Chr. mit kreisrundem Grundriss. Die Bronzetür des markanten Portals ist noch im Original enthalten, sogar das Schloss funktioniert noch. Romulus, dem diese Kultstätte errichtet wurde, war der Sohn des Kaisers Maxentius und starb bereits in jungen Jahren. Das Bauwerk wurde unter Maxentius begonnen und unter Konstantin dem Großen – vermutlich mit anderer Widmung – vollendet.

Der Romulustempel entging der Zerstörung, weil er später zum Eingangsvestibül der *Kirche Santi Cosma* e *Damiano* umgewandelt worden war (heute ist diese Kirche nur von der Via dei Fori Imperiali aus zugänglich). Die heiligen Cosmas und Damian sind die Patrone der Ärzte und Apotheker. Ihre Kirche wurde unter Papst Felix IV. (526–530) in Teilen eines antiken Gebäudes (vermutlich einer Bibliothek) errichtet und im 17. Jahrhundert barockisiert. Der Triumphbogen und die Apsis enthalten wertvolle Mosaiken des 6. bis 8. Jahrhunderts (leider bei der Barockisierung beschnitten). In einem Seitenraum ist eine sehenswerte Weihnachtskrippe aufgebaut.

Rechts neben dem Romulustempel erheben sich die imposanten Ruinen der *Konstantinsbasilika.* Sie vermitteln noch eine gute Vorstellung von der ursprünglichen Großartigkeit des Bauwerks, das einst die dreifache Größe der jetzt noch vorhandenen Teile hatte. Im Gegensatz zur traditionellen Basilika war der Raum nicht mehr von Säulenreihen bestimmt, sondern weitgespannte Gewölbe schufen große Hallen. Das Gebäude wurde 306 unter Kaiser Maxentius begonnen (deswegen auch häufig als Maxentiusbasilika bezeichnet) und 312 unter Konstantin dem Großen vollendet. Es war in Rom das letzte der profanen Großbauwerke antiker Kaiser. In ihm war das Kolossalstandbild Konstantins aufgestellt, dessen Fragmente im Hof des Konservatorenpalastes aufbewahrt werden (vgl. S. 47).

Der Weg führt nun an der Fassade von *Santa Francesca Romana* vorbei. Diese Kirche wurde im Mittelalter auf Überresten des Tempels der Venus und Roma erbaut. Sie erhielt im 12. Jahrhundert den schönen Glockenturm. Im 17. Jahrhundert wurde der Innenraum völlig umgestaltet und die Fassade aus weißem Stein angefügt (Eingang zur Kirche von der Via Fori Imperiali aus). Der ursprüngliche Name dieser Kirche war Santa Maria Nova – im Gegensatz zur älteren Santa Maria Antiqua (vgl. S. 54). 1425 gründete die römische Adlige Francesca de Buscis eine Gemeinschaft von Frauen, die sich karitativen Aufgaben widmeten und deren geistliches Zentrum die Kirche Santa Maria Nova war. Nach dem Tod ihres Mannes (1436) übernahm Francesca die Leitung der Genossenschaft. 1608 wurde sie heilig gesprochen und Santa Maria Nova, wo ihr Leichnam beigesetzt ist, erhielt den Namen Santa Francesca Romana. Im angrenzenden Kloster befindet sich das *Forum-Museum* (Antiquarium Forense), wo bedeutende Ausgrabungsfunde aus dem Forum ausgestellt sind.

Nicht weit davon entfernt erhebt sich der *Titusbogen.* Er wurde unter Kaiser Domitian zu Ehren seiner Vorgänger Vespasian und Titus errichtet. Vespasian war seit 67 n. Chr. Oberfeldherr im Jüdischen Krieg. Als Vespasian im Jahre 69 zum Kaiser ausgerufen wurde und nach Rom ging, übertrug er die Kriegsführung seinem Sohn Titus. Dieser nahm im Jahre 70 trotz der tapferen jüdischen Gegenwehr Jerusalem ein; seine Soldaten zerstörten die Stadt erbarmungslos. Nach dem Tod seines Vaters (79) wurde Titus Kaiser. Er starb im Jahre 81; ihm folgte sein Bruder Domitian als Kaiser. Der mächtige, aber schlicht dekorierte Titusbogen hat nur einen Durchgang, in dem sich zu beiden Seiten ein Steinrelief befindet. Dargestellt ist der Triumphzug, mit dem die Eroberung Jerusalems gefeiert wird. Auf dem einen Bild sehen wir eine Gruppe, die Beutestücke aus dem Jerusalemer Tempel mitführt; gut zu erkennen ist der Siebenarmige Leuchter. Der Zug bewegt sich nach rechts, wo er einen Bogen durchschreitet. Auf der anderen Relieftafel sehen wir den Triumphator auf der Quadriga, dem von vier Pferden gezogenen Wagen. Die Siegesgöttin Victoria bekrönt den Feldherrn mit Lorbeer, während die Stadtgottheit Roma die Quadriga führt.

Der Palatin

Neben dem Titusbogen beginnt der Weg (der Clivus Palatinus), der zum Palatin hinaufführt. Dieser Hügel war bereits in vorkaiserlicher Zeit ein Wohnviertel der Wohlhabenden und Vornehmen. Cicero beispielsweise besaß hier ein Haus; auch Oktavian, der spätere Kaiser Augustus, hatte an der nordwestlichen Ecke des Palatins einen zunächst bescheidenen Wohnkomplex, den er dann aber erweiterte, indem er benachbarte Grundstücke hinzukaufte. Aus Erfurcht vor ihm, dem ersten Kaiser, wurde dieses Gebäude bei den späteren baulichen Veränderungen des Palatins nie angetastet. Zu diesem Komplex gehörte wahrscheinlich auch das sogenannte *Haus der Livia* (sie war Oktavians Ehefrau), in dem ausgezeichnete Wandmalereien aus augusteischer Zeit erhalten sind.

Tiberius (der Sohn und Nachfolger des Kaisers Augustus) baute auf dem nordöstlichen Teil des Palatins eine große Palastanlage, die sein Nachfolger Caligula noch erweiterte; sie ist jedoch archäologisch nur wenig erforscht, weil sie unter den Farnesianischen Gärten liegt (auf diese Gartenanlage des 16. Jh. kommen wir später noch zu sprechen).

Nach der Brandkatastrophe des Jahres 80 nimmt Kaiser Domitian eine grundsätzliche Neukonzeption in Angriff. Die von seinem Architekten Rabirius errichtete Residenz besteht aus drei Teilen: der Domus Flavia, der Domus Augustana und dem Stadion. Die *Domus Flavia* (Domitian gehörte zur Flavierfamilie) diente der Repräsentation und den öffentlichen Empfängen und enthielt großräumige Gebäudeteile: eine Aula, eine basilikaförmige Audienzhalle, einen ausgedehnten Speisesaal und weitere Repräsentationsräume. Das Zentrum des Baus bildete ein Peristylhof, dessen achteckiges Wasserbecken noch erkennbar ist. Die erhaltenen mächtigen Mauerteile lassen die einstige Großartigkeit dieser Palastanlage gut erahnen. Südöstlich an die Domus Flavia grenzt die *Domus Augustana*, der private Residenztrakt des Kaisers („Augustana" bedeutet hier soviel wie „kaiserlich"). Sie erstreckt sich nach Südwesten hin bis zum äußersten Abhang des Palatins und ruht dort – oberhalb des Circus Maximus – auf mächtigen Substruktionen (Unterbauten). Hier besaß der Palast eine zweigeschossige einschwingende Säulenhalle, die der kaiserlichen Familie als Zuschauerloge bei den Veranstaltungen des Circus diente. Nach Nordosten hin folgten zunächst die privaten Gemächer und dann zwei große Peristylhöfe. Südöstlich an die Domus Augustana angelehnt verläuft das sogenannte *Stadion*, ein langgestreckter Hof, der von Säulenhallen umgeben war. Ob hier Sportkämpfe stattfanden oder ob dieser Bereich eine andere Bestimmung hatte – etwa als Garten diente –, ist nicht bekannt. Insofern ist es auch fraglich, ob hier – wie es nach der Legende gewesen sein soll – der heilige Sebastian den Märtyrertod erlitt.

An der südwestlichen Ecke des Palatins erweiterte Septimus Severus (Kaiser von 193 bis 211) den Domitinischen Palast um einen Gebäudekomplex, der insbesondere eine ausgedehnte Thermenanlage enthielt. Die Bauten grenzten an die Längsseite des Stadions. Gut erhalten sind noch die hohen Substruktionen, auf denen ein Teil des Komplexes ruhte; sie lassen sich jedoch nur vom Circus Maximus aus betrachten. Falls nach dem Besuch des Palatins und des Kolosseums noch Zeit ist, sollte der Weg dorthin nicht gescheut werden.

Im Mittelalter verfielen die Kaiserpaläste allmählich; in den Ruinen errichteten Ordensleute ihre Klöster und die Familie Frangipani eine Burg. Im 16. Jahrhundert nahm Vignola im Auftrag der Familie Farnese, aus der Papst Paul III. hervorging, eine gründliche Neukonzeption des Geländes vor. Er errichtete dort eine Villa und legte große Gartenanlagen an, die *Orti Farnesiani* (Farnesianischen Gärten). Aus dieser Zeit ist noch das Gartenhaus (die Uccelliera) der Villa und ein Teil der Parkanlagen erhalten. Die Orti Farnesiani laden zum Ausruhen ein; vom Gartenhaus aus hat man einen sehr schönen Ausblick auf das Forum.

Hingewiesen sei auch noch auf das *Antiquarium* des Palatin. Dieses Museum (in einem ehemaligen Kloster) birgt archäologische Funde des Hügels. Dort wird auch das so genannte Spottkruzifix aufbewahrt, ein Graffito, das in den Ruinen des Palatin gefunden wurde. Vermutlich handelt es sich bei dem Auffindungsort um den Wachraum der kaiserlichen Garde. Dargestellt ist ein eselköpfiger Gekreuzigter an einem T-förmigen Kreuz; ein Mann schaut ihn an und streckt zu ihm einen Arm empor. Daneben steht auf griechisch: „Alexamenos betet Gott an." Obwohl diese Wandkritzelei keinen direkten Hinweis auf Jesus von Nazaret liefert, gehen die Deutungen doch allgemein dahin, dass es sich bei Alexamenos um einen Christen handelt, der im gekreuzigten Jesus den Sohn Gottes verehrt und den seine heidnischen Kollegen mit der Graffitodarstellung verspotten wollten.

Der von hier aus nächste Ausgang des Ausgrabungsfeldes Forum / Palatin liegt an der Via di San Gregorio. Auf dieser Straße steht rechts der *Triumphbogen Konstantins des Großen*, der diesem Kaiser aus Anlass seines Sieges über Maxentius an der Milvischen Brücke errichtet wurde. Einige Schritte weiter erhebt sich das größte Amphitheater der Antike, das *Kolosseum*.

Das Kolosseum

68 n. Chr. wurde Nero, unter dem Rom viele Jahre hatte leiden müssen, gestürzt und beging Selbstmord. Als Vespasian im folgenden Jahr Kaiser wurde, war es seine erklärte Absicht, das von seinem verhassten Vorgänger okkupierte Gelände wieder der Öffentlichkeit zugänglich zu machen. Deswegen wurde die Domus Aurea, Neros Goldenes Haus, abgerissen, und dort, wo diese Palastanlage einen künstlichen See besaß, ließ Vespasian ein Amphitheater errichten. Unter seinem Sohn Titus wurde es im Jahre 80 vollendet. Da diese beiden Kaiser aus der Flavierfamilie stammten, erhielt das Gebäude die Bezeichnung Amphitheatrum Flavium. Domitian (Kaiser von 81 bis 96) ließ das ursprünglich dreistöckige Amphitheater um ein Stockwerk erweitern. Die Benennung Kolosseum entstand erst im Mittelalter wegen der Kolossalstatue Neros, die damals noch neben dem Bauwerk aufgestellt war.

Die Abmessungen waren gigantisch: Nach der Erweiterung unter Domitian betrug die Höhe etwa 50 m, die äußere Längsachse der elliptischen Grundfläche maß ca. 188 m, die Querachse etwa 156 m. Ungefähr 50 000 Zuschauer konnten Platz finden. Die untersten drei Stockwerke sind nach außen durch je 80 Bögen gegliedert, zwischen denen sich Halbsäulen befinden (unten dorischer, in der Mitte ionischer und oben korinthischer Ordnung). Das oberste Geschoss ist nur durch flache Pilaster korinthischer Ordnung und kleine Fenster gegliedert. In dem Gesims über den Pilasterkapitellen befinden sich Öffnungen; in sie wurden Stangen eingelassen, von denen herab bei Bedarf ein Sonnensegel über die Zuschauerränge gespannt wurde. Weil die Fassade nicht vollständig erhalten blieb, geben die übrigen Teile den Blick in die Konstruktion der Ränge frei: Sie ruhen auf Pfeilerarkaden, die die Bögen der Fassade nach innen weiterführen. Ein System von Treppen gewährleistete, dass sich der Zuschauerstrom reibungslos auf die Plätze verteilen konnte.

Das Zentrum des Amphitheaters bildete die Arena. Sie ruhte auf einem 7 bis 12 m tiefen Untergeschoss. Weil die Abdeckung heute fehlt, werden die unterirdischen Gänge und Kammern sichtbar, wo die wilden Tiere und die Theatermaschinen untergebracht waren. Es gab drei Kategorien von Spielen: Kämpfe Menschen gegen Menschen, Tiere gegen Tiere, Menschen gegen Tiere. Aus heutiger Sicht müssen sie schlicht als widerlich bezeichnet werden. Eine zusätzliche Geschmacklosigkeit: Häufig wurden sie als das Nachspielen mythologischer oder historischer Szenen dargestellt; so wurde beispielsweise Orpheus vorgeführt, wie er inmitten wilder Tiere die Leier schlägt; natürlich ging die Szene für den Musiker qualvoll tödlich aus. Für die Vorführungen wurden meist Strafgefangene herangezogen, die zum Tode verurteilt waren. Für die Gladiatorenkämpfe, bei denen Menschen gegen Menschen kämpften, stellten sich bisweilen auch freie Bürger zur Verfügung und ließen sich dafür bezahlen. Manch einer, der sich finanziell ruiniert hatte, sah hierin die einzige Möglichkeit, wieder auf die Beine zu kommen.

Rom verlangte „PANEM ET CIRCENSES“: Brot und Spiele waren nach dem satirischen Schriftsteller Juvenal die Wünsche, mit denen sich das Volk zu seiner Zeit begnügte. Die Schriften Juvenals gelten als Zeugen des sittlichen Verfalls im alten Rom. Es lässt sich leicht erahnen, dass das Christentum mit seinem moralischen Anspruch zu dieser heidnischen Gesellschaft eine Gegenkraft darstellte, die schließlich das Heidentum überwinden und überleben konnte.

Einige Titelkirchen

Die Oberkirche von San Clemente

- *Santa Prassede*
- *Santa Pudenziana*
- *San Clemente*
- *Santa Sabina*
- *Santi Giovanni e Paolo*
- *Santa Maria in Trastevere*
- *San Pietro in Vincoli*

Wie es zu den Titelkirchen kam

Über die Organisation der römischen Kirche vor der Konstantinischen Wende ist fast nichts bekannt, wohl über die anschließende Epoche: Die gesamte Stadt bildete eine einzige Pfarrei; sie unterstand dem Bischof von Rom und war in Seelsorgsbezirke unterteilt. Die „presbyteri cardinali" (die Kardinalpriester) waren dort mit der Leitung der Gemeinden betraut. Der römische Bischof hielt den Kontakt zu ihnen, indem er in jeder ihrer Kirchen einmal jährlich die Eucharistie feierte. Allmählich errichteten diese Gemeinden, die sich bislang in Privathäusern oder Hauskirchen getroffen hatten, einige Versammlungsbauten, die Titelkirchen. Die ältesten von ihnen gehen womöglich auf Privathäuser zurück, die reiche Christen in der vorkonstantinischen Zeit für Gemeindezwecke zur Verfügung gestellt hatten (s. S. 26 f.). Nach der über der Eingangstür dieser Gebäude angebrachten Namensinschrift des Eigentümers (dem TITULUS) erhielten diese Kirchen dann ihre Bezeichnung. In Schriftstücken des 6. Jahrhunderts werden etwa 25 Titelkirchen erwähnt, die alle – mit einer Ausnahme – auf Namen von Personen zurückzuführen sind.

Heute noch wird das Kardinalskollegium in Kardinal-Diakone, Kardinal-Priester und Kardinal-Bischöfe unterteilt, und es besteht die Tradition, dass jeder Kardinal-Priester die Schirmherrschaft über eine Titelkirche Roms erhält. Weil die Anzahl der Kardinäle allmählich wuchs, erhielten später auch solche römischen Kirchen einen Titulus, die im ursprünglichen Sinn keine Titelkirchen waren. Eine weitere beibehaltene bzw. wieder belebte Tradition: Jede Titelkirche wird einmal im Jahr vom Papst (dem Bischof von Rom!) besucht.

Santa Prassede und Santa Pudenziana

Der Ursprung dieser Kirchen liegt historisch im Dunkeln. Umso mehr ranken sich die Legenden um die beiden heiligen Frauen: Pudentiana und Praxedis waren Töchter des Senators Pudens. In seiner großen Villa soll er dem Apostel Petrus bei der Ankunft in Rom Gastfreundschaft gewährt haben. Die beiden mutigen Schwestern besuchten in Verfolgungszeiten die Christen in den Gefängnissen. Sie bargen die Leichname der Märtyrer, denen der Staat kein Recht auf ein Begräbnis zugestand, und versteckten sie in einem Brunnen, bis sie sie bestatten konnten. Dort verbargen sie auch das Blut der Märtyrer, das sie mit Schwämmen aufgefangen hatten.

Santa Prassede

(Via di S. Prassede, in der Nähe von Santa Maria Maggiore)

Die Gräber der beiden Schwestern befinden sich in der Krypta dieser Kirche. Das heutige Gebäude entstand im Auftrag des Papstes Paschalis I. (817–824); es wurde in späterer Zeit mehrmals stark verändert. Darunter haben die aus dem 9. Jahrhundert stammenden Mosaiken auf dem Triumphbogen und in der Apsis schwer gelitten. Zur Via San Martino ai Monti hin erhebt sich die Fassade aus dem 9. Jahrhundert, die noch gut erhalten ist. Der restaurierte Cosmatenfußboden enthält eine kreisrunde rote Marmorplatte; darunter befand sich der Brunnen, in dem Pudentiana und Praxedis die Märtyrergebeine versteckt haben sollen.

Eine besondere Kostbarkeit ist die Zenokapelle (Capella di San Zeno), die Paschalis I. als Gedächtnisstätte für seine Mutter Theodora errichten ließ (Zugang vom rechten Seitenschiff aus). Sie ist das bedeutendste Werk byzantinischer Kunst in Rom. Die Kapelle ist vollständig mit goldgrundigen Mosaiken ausgestattet, von denen sie die Bezeichnung „Giardino del Paradiso" (Paradiesgarten) erhielt. Den einfachen Raum auf quadratischem Grundriss überwölbt eine Kuppel, in der der thronende Christus in einem von Engeln gestützten Medaillon dargestellt ist. Über dem Eingang sind die Apostel Petrus und Paulus abgebildet, die auf den (leeren) Thron Christi hinweisen. In der Altarnische zeigt ein Mosaik aus späterer Zeit (13. Jh.) die Madonna mit Kind, flankiert von Pudentiana und Praxedis. In einem Nebenraum befindet sich eine grüne Marmorsäule, die während der Kreuzzüge aus Jerusalem mitgebracht wurde und als Geißelsäule Jesu verehrt wird.

Santa Pudenziana

(Via Urbana, von S. Prassede aus jenseits der Via Cavour)

Santa Pudenziana trägt den TITULUS PUDENTIS und ist eine der ältesten Titelkirchen Roms. Sie wurde Ende des 4. Jahrhunderts in Teilen einer privaten Thermenanlage aus dem 2. Jahrhundert errichtet. Den Titel erhielt die nach der Konstantinischen Wende erbaute Kirche von einem Christen Namens Pudens. Dessen Haus dürfte Treffpunkt einer Hausgemeinde gewesen sein. In späteren Jahrhunderten wurde die Kirche mehrfach umgebaut. Von allen Umbauten hat die Barockisierung durch Francesco da Volterra den Charakter der Kirche am gründlichsten verändert. Damals wurde auch das Apsismosaik aus dem frühen 5. Jahrhundert beschnitten; eine Restaurierung im 19. Jahrhundert verschlechterte seinen Zustand ein weiteres Mal. Trotzdem ist dieses Mosaik ein bedeutendes Zeugnis spätantiker Kunst mit ihrem Figurenreichtum und ihrer plastischen Darstellung: Die Figuren sind körperlich, und der abgebildete Raum besitzt Tiefenwirkung – ganz anders als in der später entstandenen Zenokapelle von Santa Prassede, wo der Goldgrund als Ausdruck himmlischer Herrlichkeit jede Raumwirkung aufhebt. Seine Mitte bildet der erhöht auf einem Thron sitzende Christus. Er streckt seine rechte Hand segnend zur Seite, seine Linke hält ein Buch, in dem die Worte zu lesen sind: DOMINUS CONSERVATOR ECCLESIAE PUDENTIANAE (Der Herr ist der Bewahrer der Kirche des Pudens). Sein goldenes Gewand und der leuchtend goldene Nimbus verleihen dem Mosaik einen Ausdruck großer Feierlichkeit. Links und rechts von Christus sitzen je sechs Apostel (durch die Verkleinerung des Mosaiks sind nur insgesamt zehn erhalten). Petrus und Paulus sind Christus am nächsten und wenden sich ihm zu. Hinter jedem der beiden Apostel steht eine Frau; die Frauen halten über den Häuptern der Apostelfürsten Siegeskränze. Die Frauen sind allegorische Gestalten: die Heidenkirche krönt den Apostel Paulus, die Judenkirche den Apostel Petrus. Der Darstellung liegt eine Erfahrung zu Grunde, die den römischen Christen des 4. Jahrhunderts noch deutlich vor Augen stand: Die Botschaft Christi wurde sowohl den Juden wie den Heiden verkündet. Paulus schreibt, er sei „mit der Heilsbotschaft für die Unbeschnittenen betraut, wie Petrus mit der für die Beschnittenen" (Gal 2,7). Deswegen gilt Paulus als Apostel der Heidenchristen, Petrus als Apostel der Judenchristen. Die römische Gemeinde verstand sich bis ins 5. Jahrhundert als heidenchristliche Kirche und als Gegenpol zur judenchristlichen Gemeinde Jerusalems. Die Gesamtkirche vereint Heiden und Juden in der Huldigung an den einen Christus – ein in der frühchristlichen Kunst Roms häufiges Thema. Die Apostel des Apsismosaiks in Santa Pudenziana bilden mit Christus einen dem Betrachter sich öffnenden Halbkreis, hinter dem sich eine durch Tore unterteilte Mauer erstreckt; diese Architektur wird von den Gebäuden Jerusalems überragt, in deren Mitte sich auf dem Felsen Golgota das hohe, reich mit Gemmen geschmückte Kreuz erhebt.

Zu Santa Pudenziana gehört die sehenswerte Capella Caetani, die Francesco da Volterra begonnen und Carlo Maderno (1556–1629) vollendet hat, ganz im barocken Stil mit reichhaltiger Stuck- und Marmorauskleidung. Maderno schuf auch die beiden Grabmäler der Enrico und Filippo Caetani an den Seitenwänden der Kapelle.

San Clemente

(Piazza di S. Clemente; Eingang: Via di S. Giovanni in Laterano)

Baugeschichte

Als Ursprung dieser Kirche wurde bei Ausgrabungen ein Saal aus dem 3. Jahrhundert n. Chr. entdeckt, der im Obergeschoss eines antiken Gebäudes errichtet worden war. Möglicherweise traf sich auch in diesem Raum eine Hausgemeinde; die archäologischen Funde reichen aber nicht aus, um diese Hypothese zu bestätigen. Sicher ist nur, dass der Saal den Ausgangspunkt für die Errichtung einer dreischiffigen Basilika bildete, die zur Zeit des Papstes Siricius (384–399) geweiht wurde und heute die Unterkirche von San Clemente darstellt. Sie wurde auf der römischen Synode von 595 als TITULUS SANCTI CLEMENTIS mit dem heiligen Papst Clemens I. in Verbindung gebracht. Hundert Jahre früher, auf der Synode von 499, war sie nur TITULUS CLEMENTIS genannt worden, so dass es fraglich ist, ob der Stifter wirklich Papst Clemens war und nicht eine andere Person gleichen Namens.

Über Papst Clemens berichtet Irenäus von Lyon in den achtziger Jahren des 2. Jahrhunderts, er habe Petrus und Paulus gekannt, habe deren Predigten gehört und sei von ihnen bekehrt worden; als deren dritter Nachfolger sei er Bischof von Rom geworden. Zu seiner Zeit habe die römische Kirche einen Mahnbrief an die zerstrittene Gemeinde von Korinth verfasst, den nach ihm benannten 1. Clemensbrief (vgl. S. 22). Im 9. Jahrhundert brachten die heiligen Cyrill und Methodius die Gebeine des heiligen Clemens von der Krim, wo dieser den Märtyrertod erlitten haben soll, nach Rom; seitdem sind sie in San Clemente beigesetzt.

Die Titelbasilika aus dem 4. Jahrhundert wurde vermutlich 1084 bei der Plünderung Roms unter dem Normannenführer Robert Guiscard stark beschädigt. Um 1100 war sie jedenfalls so baufällig, dass Papst Paschalis II. 1108 auf ihren Ruinen eine neue Kirche (die heutige Oberkirche) errichten ließ. Diese wurde zwar im 18. Jahrhundert umgestaltet, entspricht aber in der Gesamtstruktur heute noch dem mittelalterlichen Bau. Im 19. und 20. Jahrhundert führten Grabungen zur Freilegung der Titelkirche aus dem 4. Jahrhundert und – in einer noch tieferen Ausgrabungsschicht – der antiken Gebäudereste mit einem Mithräum. Betreut wird die Kirche von irischen Dominikanern.

Die Oberkirche

Der heutige Eingang liegt an der Via San Giovanni in Laterano. Es lohnt sich aber, das ursprüngliche Portal mit dem vorgelagerten Säulenhof des 12. Jahrhunderts zu besuchen, zu dem man nur durch die Kirche gelangt. Im Inneren der Basilika sind der Cosmatenfußboden und die Chorschranken mit den seitlichen Kanzeln sehenswert. Ebenso bedeutungsvoll ist das Apsismosaik aus dem 12. Jahrhundert: Vor einem die ganze Halbkuppel einnehmenden Goldgrund ist in der Mitte das Kreuz dargestellt. Christus schwebt als Sieger gleichsam vor dem Kreuz, von dessen Balken sich weiße Tauben abheben. Zu den Seiten darunter stehen Maria und Johannes. Das Kreuz erhebt sich aus einem Pflanzenbüschel, von dem Ranken mit spiralförmigen Enden ausgehen. In den zahlreichen Spiralen, die fast das gesamte Mosaik überdecken, befinden sich phantastische Blüten. Dazwischen sind Personen abgebildet, von denen die vier abendländischen Kirchenväter namentlich genannt werden: Augustinus, Hieronymus, Gregor der Große und Ambrosius. Dargestellt ist das Schriftwort Jesu: „Ich bin der Weinstock, ihr seid die Reben“ (Joh 15,5). Am Fuß des Kreuzes entspringen aus der Wurzel der Pflanze die vier Paradiesflüsse, aus denen zwei Hirsche trinken. Im unteren Fries steht in der Mitte Christus als das Lamm Gottes, zu dem von beiden Seiten Schafe hinzutreten. Sie stellen allegorisch die zum Herrn schreitenden Gläubigen dar. Es klingt das Gleichnis Jesu vom Endgericht an. Die Schafe versinnbildlichen die Gerechten (vgl. Mt 25,31ff.).

Die Unterkirche

Durch einen Seitenraum erreicht man die Treppe, die zur Unterkirche führt. Diese wurde im Verlauf der Jahrhunderte durch Stützmauern mehrfach verändert: zunächst nach dem Erdbeben von 847, dann vermutlich im 10. Jahrhundert, um schadhaft gewordene Säulen zu stützen; um 1100 musste man weitere Stützen einziehen, um dem Bau der Oberkirche ausreichenden Halt zu geben. Als bei den Ausgrabungen im 19. Jahrhundert der Schutt aus der Unterkirche beseitigt wurde, mussten weitere Stützmauern, -pfeiler und -bögen eingefügt werden. Deswegen stellt die Unterkirche von San Clemente zwar immer noch die Grundform einer frühchristlichen Basilika dar, hat aber – allein schon weil sie niedriger ist als ursprünglich – ihre ausgewogenen Proportionen verloren.

Erhalten sind auch noch einige Fresken aus dem 9. und 11. Jahrhundert. Beachtenswert sind die beiden Darstellungen „Wunder des heiligen Clemens“ und „Überführung der Reliquien“ (beide 11. Jh.). Sie schmücken die Wände zwischen Vorhalle und Hauptschiff.

Dem „Wunder des heiligen Clemens“ liegt folgende Begebenheit aus der Legende des Heiligen zugrunde: Als verfolgter Christ auf die Krim verbannt, erlitt Clemens dort den Märtyrertod. Er wurde an einen Anker gefesselt und im Schwarzen Meer ertränkt. Engel bauten ihm auf dem Meeresgrund eine Grabkapelle, die jährlich durch eine wunderbare Ebbe sichtbar wurde. Einmal rissen die Fluten ein Kind mit. Als genau ein Jahr später das Wasser zurückwich und das Clemensgrab wieder freigab, konnte die Mutter das Kind wohlbehalten in ihre Arme schließen. Das Fresko zeigt im oberen Bildteil: Von links tritt das Volk heran und beobachtet die Mutter, die vor dem Altar kniet und ihr Kind an sich nimmt. Der Altar ist von einem Baldachin überspannt. An der linken Seite lehnt der Anker. Im unteren, vom oberen durch eine verzierte Borde getrennten Bildteil sind die Stifter des Freskos dargestellt. Die Borde ist von einem Medaillon mit dem Brustbild des heiligen Clemens durchbrochen, der die Stifter segnet.

Das Fresko „Übertragung der Reliquien" schildert, was geschah, als die Brüder Cyrill und Methodius die Gebeine des heiligen Clemens von der Krim nach Rom brachten. Dargestellt ist die Überführung der Gebeine von der Peterskirche nach San Clemente. Links tritt Papst Hadrian II. (die Inschrift nennt irrtümlich Papst Nicolaus, Hadrians Vorgänger) zwischen Cyrill und Methodius nach vorne. Im Hintergrund begleiten Fahnenträger und Weihrauchschwenker das Geschehen. In der Mitte tragen Männer den kubischen Sarkophag des Heiligen nach rechts zu der in einfacher Architektur gemalten Basilika San Clemente.

Im linken Seitenschiff der Unterkirche befinden sich Reste einer Grablege, die für die Begräbnisstätte des heiligen Cyrill gehalten wird. Dieser aus Thessaloniki stammende Gelehrte wurde 860 vom byzantinischen Kaiser als Missionar zu den Slaven gesandt, deren Sprache er beherrschte. Dort wirkte er mit seinem Bruder, dem heiligen Methodius, unermüdlich und übersetzte biblische und liturgische Texte in die slavische Sprache. Obwohl damals nur Hebräisch, Griechisch und Latein in der Liturgie benutzt wurden, erhielten die beiden Brüder vom Papst die Erlaubnis, die slavische Sprache im Gottesdienst einzuführen. Auf der Krim entdeckten sie die Reliquien des Papstes Clemens I. Cyrill starb 869 in der Ewigen Stadt. Die später für die slavische Kirchensprache entwickelte Schrift wird nach ihm Kyrillische Schrift genannt.

Das Mithrasheiligtum

Unter der Unterkirche befindet sich eine weitere Ausgrabungsschicht: Gebäudereste aus dem 1. Jahrhundert n. Chr. In den Hof eines dieser Häuser war in späterer Zeit (Ende des 2. oder Anfang des 3. Jh.) ein Triclinium gebaut worden, ein Speisesaal, der der rituellen Mahlgemeinschaft des Mithraskultes diente (zu diesem Kult vgl. S. 134 f.).

Links von der Apsis der Unterkirche führt eine Treppe zu diesen Ausgrabungen. Als erstes ist ein Vestibül zu sehen, dessen Stuckdecke geometrische Muster und Pflanzenornamente aufweist. Da man die Stützpfeiler für die darüber befindliche Apsis der Basilika (der heutigen Unterkirche) in das Vestibül hineinbaute, wurde der Charakter dieses Vorraums leider erheblich verändert.

An das Vestibül grenzt das Triclinium mit den typischen Elementen eines Mithras-Kultraumes: Der längliche Saal ist höhlenartig (in Erinnerung an die Höhle, in der Mithras lebte). An den Längsseiten sind Bänke angebracht, auf denen die Teilnehmer des rituellen Mahles lagern konnten. An der Stirnseite steht ein Altar, auf dessen Vorderseite als Relief der stiertötende Gott dargestellt ist.

Die Versammlungsräume des Mithraskultes waren gewöhnlich nicht groß. Sie konnten 20 bis 40 Personen aufnehmen. Statt größere Räume zu bauen, errichtete man lieber mehrere kleine in einer Stadt. In Rom, der Reichshauptstadt, wird es also eine große Anzahl Mithräen gegeben haben. Dem Kult gehörten bis auf Ausnahmen nur Männer an, und zwar größtenteils aus dem Militär. Obwohl der Mithraskult im Römischen Reich stark verbreitet war, hat er nicht überlebt. Das Christentum erwies sich als ihm überlegen – nicht zuletzt aus sozialen Gründen: Die Christen kannten keine Unterschiede der Person; alle konnten aufgenommen werden, Männer wie Frauen aus allen Gesellschaftsschichten.

Hinter dem Vestibül führt ein Gang zu einem weiteren Raum, dessen Decke mit Stuck geschmückt und dessen Wände durch Nischen gegliedert sind. Vermutlich fand in diesem Zimmer der Unterricht statt, durch den die Mithras-Anhänger in die Mysterien ihres Kultes eingeführt wurden.

Santa Sabina

(Piazza Pietro d'Illiria, auf dem Aventin)

Während die schriftlichen Quellen des 5. Jahrhunderts noch vom TITULUS SABINAE sprechen, wird die Kirche in Schriftstücken des 6. Jahrhunderts als TITULUS SANCTAE SABINAE bezeichnet. Offenbar fand eine Umdeutung der Stifterin in eine Heilige statt oder eine Gleichsetzung mit einer Märtyrerin gleichen Namens.

An der Eingangswand verrät eine Inschrift, die noch zum ursprünglichen Mosaikschmuck des Bauwerks gehört, dass die Kirche unter Papst Coelestin I. (422–432) von dem Priester Petrus von Illyrien errichtet wurde. Papst Honorius III. vertraute sie dem heiligen Dominikus an, der hier einen Konvent gründete. Bis auf den heutigen Tag wird die Kirche von den Dominikanern betreut. Anfang des 20. Jahrhunderts fand eine grundlegende Restaurierung statt, die den Bau von den Veränderungen des Barock befreite, so dass Santa Sabina den Eindruck einer frühchristlichen Basilika in ursprünglicher Reinheit wiedergibt. Antike Säulen korinthischer Ordnung gliedern den Innenraum in drei Schiffe; anders als sonst in der Antike üblich, sind die Kapitelle nicht durch einen Architrav, sondern durch Arkaden verbunden. Im Obergaden und in der Apsis befinden sich große Rundbogenfenster, die den Raum hell erleuchten. Das Taddeo Zuccari zugeschriebene Apsisfresko aus dem 16. Jahrhundert ersetzt die ursprünglich dort angebrachte Dekoration. Es stellt Christus mit Heiligen dar; unter ihnen auch die heilige Sabina.

An der Eingangswand ist die bereits erwähnte *Inschrift* angebracht, flankiert von je einer Frauengestalt. Urspünglich waren über der links dargestellten Frau der heilige Petrus und über der rechts stehenden Person der heilige Paulus abgebildet. Diese beiden Aposteldarstellungen sind leider zerstört, aber sie weisen darauf hin, dass auch hier – wie durch die Frauengestalten des Apsismosaiks von Santa Pudenziana (s. S. 66) – die Juden- und die Heidenkirche personifiziert sind.

Am Eingang befinden sich die Türflügel mit den kostbaren *Holzrelieftafeln* aus dem 5. Jahrhundert. Die von Ornamentbändern gerahmten Felder zeigen Szenen aus dem Alten und Neuen Testament. Erwähnenswert ist die Kreuzigung: Der Bildhintergrund gleicht einer Mauer, davor sind Jesus und die Schächer dargestellt; in ihren Händen sind die Nagelköpfe zu erkennen. Die drei Personen stehen auf dem Boden und ihre Haltung gleicht eher der einer Orante (frühchristlicher Gebetsgestus) als eines Gekreuzigten: Christus betet am Kreuz. In der Entstehungszeit dieser Darstellung wagte es niemand, Christus als Leidenden am Kreuz abzubilden; zu sehr noch war in den Menschen das Bewusstsein verankert, dass die Kreuzigung der schändlichste Hinrichtungstod war.

Nach einem Besuch in Santa Sabina empfielt es sich, noch ein wenig auf dem Aventin zu bleiben und sich in der Umgebung umzusehen. Die Gegend ist sehr ruhig; der Lärm der Stadt dringt kaum bis dorthin. Einige Schritte rechts der Kirche liegt ein kleiner, mit Orangenbäumen bepflanzter Garten. Durch ihn führt der Weg zu einer Terrasse mit wunderschöner Aussicht über den Tiber bis zur Peterskirche. In die andere Richtung erstreckt sich die Via Santa Sabina bis zur Piazza dei Cavalieri di Malta. Dort gibt es ein Tor mit einem übergroßen *Schlüsselloch*, das den Blick durch eine Gartenanlage genau bis zur Kuppel von Sankt Peter leitet.

Auf der gegenüberliegenden Seite der Piazza dei Cavalieri di Malta erhebt sich die *Benediktinerabtei San Anselmo.* Sie ist Sitz des Abtprimas, und in ihr ist auch die römische Benediktinerhochschule untergebracht. Das Innere der Kirche aus der Zeit um 1900 lebt vom Kontrast der strahlend weißen Wände zu den roten Porphyrsäulen. Durch die schlichte Ausstattung strahlt der Raum eine stille Feierlichkeit aus.

Santi Giovanni e Paolo

(Piazza dei SS. Giovanni e Paolo)

Auf dem Monte Celio, einem der sieben Hügel Roms, liegt an einem ruhigen Platz diese Kirche, die den beiden römischen Märtyrern Johannes und Paulus geweiht ist. Ihr Erbauer war der Senator Pammachius – Ende des 4. Jahrhunderts. Deswegen trägt sie den TITULUS PAMMACHII. Sie ist aber auch unter dem TITULUS BYZANTIS bekannt; über die Entstehung dieses Titels gibt es nur Vermutungen.

Der schlichten Fassade wurde im 12. Jahrhundert eine Portikus aus sieben antiken Säulen vorgelagert. Rechts von ihr erhebt sich der schöne romanische Glockenturm, ebenfalls ein Werk des 12. Jahrhunderts, mit fünf übereinander liegenden Arkaden. An der Längsseite zu der bogenüberspannten Straße hin ist noch das antike Mauerwerk eines römischen Wohnhauses zu erkennen. Zur Apsis gehört außen eine Zwerggalerie (ebenfalls aus dem 12. Jh.). Dieses Bauelement findet sich in den romanischen Sakralbauten des Nordens sehr häufig, beispielsweise in den Domen zu Mainz und Speyer, aber auch im nördlichen Italien, beispielsweise in Pisa; die Zwerggalerie von Santi Giovanni e Paolo aber ist das einzige Beispiel dieser Art in Rom.

Das Innere der Basilika hat im Laufe ihrer Geschichte zahlreiche Veränderungen erfahren: Der Fußboden ist eine Cosmatenarbeit; die Decke stammt aus dem 16. Jahrhundert. Durch die Umgestaltung im 18. Jahrhundert ging der ursprüngliche Charakter der frühchristlichen Kirche vollends verloren.

Am Ende des rechten Seitenschiffes befindet sich der Zugang zu den Ausgrabungen. Unter der Kirche wurde ein römisches Haus freigelegt; eine Außenwand dieses Gebäudes ist bereits an der südlichen Mauer der Kirche erkennbar. Die Räume sind teilweise mit gut erhaltenen Fresken geschmückt. Darunter befinden sich christliche Symbole (Taube, Fisch, Lämmer, Christus im Kreis der Apostel u. a.); dies deutet darauf hin, dass der Hausbesitzer Christ war. Er hatte offenbar – schon lange vor dem Bau der Basilika durch Pammachius – einen Teil seines Hauses für den Gottesdienst hergerichtet (vgl. S. 27 f.).

Haben die Ausgrabungen hier auch eindeutig die Nutzung eines Privathauses als Gemeindezentrum nachgewiesen, so reichen die archäologischen Funde doch nicht aus, um die Legende der Brüder Johannes und Paulus zu bestätigen: Diese beiden Heiligen seien Besitzer des Hauses gewesen, seien dort unter Kaiser Julianus Apostata (4. Jh.) als Märtyrer hingerichtet worden, und die Leichname habe man im Boden des Hauses verscharrt.

In dem an die Kirche und den Glockenturm anschließenden Gebäude befindet sich das Generalat der Passionisten. Ihr Gründer, Paul vom Kreuz, der von 1694 bis 1775 lebte, starb dort und ist in Santi Giovanni e Paolo begraben.

Santa Maria in Trastevere

(Piazza di Santa Maria in Trastevere)

Diese Marienkirche befindet sich in Trastevere, einem römischen Viertel, das – vom Zentrum Roms aus – jenseits des Tibers liegt. Es wurde bereits beim Bau der Aurelianischen Mauer (erbaut 272–279 n. Chr.) in den Stadtbereich einbezogen; die Benennung Trastevere geht auf das lateinische TRANS TIBERIM zurück. Mit seinen engen Gassen und seinen Bräuchen gilt es heute noch als derjenige Teil Roms, wo das Leben am ursprünglichsten römisch ist. Das etwas verwahrlost scheinende Viertel besitzt manch malerische Ecke und kleine, wenig besuchte Kirchen. Der Massentourismus mit seinen Bausünden und sonstigen Begleiterscheinungen hält allerdings allmählich auch hier Einzug. Dadurch geht viel vom Flair des Viertels verloren. In manchen Cafés und Restaurants muss mit überhöhten Preisen gerechnet werden.

Der alte Titel der Kirche – TITULUS CALLISTI –, geht auf Papst Calixtus I. zurück. Er war ursprünglich Sklave eines Christen, erhielt unter Papst Zephyrinus die Diakonenweihe und wurde Verwalter eines Gemeindefriedhofs. Diese nach ihm benannten Kallistuskatakomben ließ Calixtus später – in der Zeit seines Pontifikats (217–222) – als Begräbnisstätte für die Päpste herrichten. Nach seinem Tod wurden seine Gebeine aber nicht dort, sondern auf dem Friedhof des Caledopus an der Via Aurelia beigesetzt und erst unter Papst Gregor III. (731–741) in die Kirche Santa Maria in Trastevere überführt.

Die im 4. Jahrhundert errichtete Titelkirche wurde bereits unter Julius I. (337–352) vollendet (deswegen gelegentlich auch als TITULUS JULII bezeichnet). Papst Innozenz II. (1130–1143) ließ sie durch einen Neubau ersetzen. Trotz späterer Restaurierungen blieb der mittelalterliche Charakter dieser Kirche des 12. Jahrhunderts erhalten.

Die *Fassade* ist ein Werk aus dem 12. Jahrhundert. Unterhalb des schmucklosen Giebels befindet sich ein Mosaik aus dem 13. Jahrhundert. In seiner Mitte ist die thronende Madonna mit dem Jesuskind dargestellt. Zu beiden Seiten sind je fünf Frauen abgebildet mit Lampen in den Händen: die klugen und die törichten Jungfrauen. Die Zwischenräume der darunter befindlichen drei Rundbogenfenster sind mit Palmendarstellungen geschmückt. Der Eingangszone ist eine Portikus mit Balustrade und Statuen vorgelagert, ein Werk Carlo Fontanas (er lebte von 1634 bis 1714), der auch den Brunnen auf der Piazza di Santa Maria in Trastevere geschaffen hat. Rechts neben der Fassade erhebt sich der Glockenturm (12. Jh.); über seiner obersten Arkade ist das Mosaik einer Mariendarstellung angebracht.

Der *Innenraum*: Er ist durch massive antike Säulen in drei Schiffe gegliedert, von denen das mittlere höher ist. Die Kapitelle (teils ionisch, teils korinthisch) tragen einen Architrav. Das Mittelschiff geht in eine mosaikgeschmückte Apsis über und ist nach oben durch eine Flachdecke abgeschlossen, die im 17. Jahrhundert nach Entwürfen Domenichinos geschaffen wurde. Der Fußboden ist eine Cosmatenarbeit. Ungefähr in der Mitte des linken Seitenschiffes befindet sich das Grabmal des Erbauers der Kirche, Innozenz II.

Die *Apsis*: Die Mosaiken der Apsis sind in zwei Zeitabschnitten entstanden. Das ältere – aus dem zwölften Jahrhundert – befindet sich in der Kalotte und stellt die Krönung Mariens dar. Vor dem goldstrahlenden Hintergrund, Symbol für Gottes Gegenwart, sitzt Christus mit der Gottesmutter auf einem gemeinsamen Thron. Beide Personen sind mit goldenen Gewändern bekleidet. Christus thront in majestätischer Haltung, sein Haupt ist von einem Kreuznimbus umrahmt. Maria in reich verziertem Kleid trägt eine Krone und ist wie eine Kaiserin geschmückt. Zu beiden Seiten sind aufgereiht (von rechts nach links): Papst Innozenz II. (das Kirchenmodell in Händen haltend), der Diakon Laurentius, Papst Calixtus I. (von dem die Kirche den Titel erhielt), sodann der Apostel Petrus, Papst Cornelius, Papst Julius I. (der die erste Kirche vollendete) und Calepodus (auf dessen Friedhof Calixtus zuerst beigesetzt war). Die Darstellung wird vom Himmelszelt überwölbt, aus dem herab die Hand Gottes über dem Haupt Christi einen Siegeskranz hält. Auf dem darunterliegenden Fries schreiten von beiden Seiten Schafe zu dem in der Mitte stehenden Lamm Gottes. In der Apsiszone, die sich unterhalb der Kalotte erstreckt, sind Szenen aus dem Marienleben abgebildet. Die Mosaiken dort stammen aus späterer Zeit: Sie wurden Ende des 13. Jahrhunderts von dem römischen Künstler Pietro Cavallini geschaffen. Sehr gut ist die Entwicklung der bildenden Kunst in der damaligen Zeit zu erkennen: Während das Mosaik des 12. Jahrhunderts noch ganz an byzantinischen Vorbildern orientiert ist (erhabene Gestalten, wenig Körperlichkeit, flächige Darstellung), findet die Kunst um 1300 (hier sind Giotto, Cavallini und Torriti die Hauptvertreter) zu einer neuen Ausdrucksweise, die von der klassischen Antike beeinflusst ist: Perspektive schafft Raumwirkung; Bewegung in Kleidung und Gestik erzeugt Körperlichkeit; die Personen wirken natürlich; die Farben werden modelliert.

San Pietro in Vincoli

(Piazza di San Pietro in Vincoli)

So manche Titelkirche liegt abseits der Touristenströme in einer Seitenstraße oder einem verwinkelten Gässchen. San Pietro in Vincoli steht auf einem ruhigen Platz, der von der belebten Via Cavour aus über eine Treppe zugänglich ist.

Baugeschichte: Die Kirche ist bereits im 4. Jahrhundert nachweisbar. Unter Papst Sixtus III. (432–440) ließ Eudoxia, die Gattin des weströmischen Kaisers Valentinian III., den Bau erneuern, um eine würdige Bleibe für die von Jerusalem nach Rom gelangten Ketten des Apostels Petrus (die „vincoli") zu schaffen. Als Titelbezeichnung gibt es sowohl den TITULUS APOSTOLORUM wie den TITULUS EUDOXIAE. Durch verschiedene Eingriffe (um 1500 unter Giuliano della Rovere, dem späteren Papst Julius II., und im 18. Jahrhundert durch Francesco Fontana) wurde die basilikale Grundform aus dem 5. Jahrhundert nur unbedeutend verändert.

Architektur und Ausstattung: Die Treppe der eleganten, durch fünf Arkadenbögen betonten Fassade führt zum Eingangsportal, über dem das Wappen Giulianos della Rovere angebracht ist. Den Innenraum gliedern schlanke kannelierte Marmorsäulen dorischer Ordnung in drei Schiffe. Das mittlere ist von einer schwach gewölbten weißen Kassettendecke (Francesco Fontana, 18. Jh.) überspannt, während die Seitenschiffe Kreuzgratgewölbe besitzen. Das Querhaus öffnet sich zu drei Apsiden; in der mittleren, der Hauptapsis, steht der von einem Baldachin des 19. Jahrhunderts überdeckte Hauptaltar.

Dort werden die Kettenreliquien in einem von edlem Metall gefassten Glasbehälter aufbewahrt, flankiert von zwei Statuen: dem Apostel Petrus und einem Engel, der Ketten in den Händen hält. Darüber steht die Inschrift: MISIT DOMINUS

ANGELUM SUUM ET ERIPUIT ME DE MANU HERODIS (Der Herr sandte seinen Engel und entriss mich der Hand des Herodes). Sie weist auf eine Begebenheit aus der Apostelgeschichte hin, die mit den in dieser Kirche verehrten Ketten verknüpft ist. Nachdem in Jerusalem König Herodes den Apostel Jakobus mit dem Schwert hatte hinrichten lassen, legte er auch Hand an Petrus und ließ ihn ins Gefängnis werfen. Während nachts die gesamte Gemeinde betete, weckte ein Engel den Apostel; die Ketten, mit denen Petrus gefesselt war, fielen ihm ab, und der Engel geleitete ihn an den Wachtposten vorbei aus dem Gefängnis. Der so Befreite suchte sofort die zum Gebet versammelten Gemeindemitglieder auf und berichtete ihnen von der wunderbaren Errettung. Danach verließ er Jerusalem und begab sich an einen andern Ort, offenbar um sich einem weiteren Zugriff des Königs Herodes zu entziehen (vgl. Apg 12,1–17).

Im linken Seitenschiff, nicht weit vom Eingang entfernt, erhebt sich das *Grabmal für Nicolaus Cusanus* (1401–1464). Der aus Kues an der Mosel stammende Kardinal gehört zu den größten Gestalten des Spätmittelalters. Er ragte als Gelehrter wie als Denker wie als Kirchendiplomat in seiner Zeit weit hervor. Über mehrere Jahre war er Bischof von Brixen; von dort berief Papst Pius II. ihn nach Rom, wo er sich u. a. um die Reform des Klerus verdient machte. San Pietro in Vincoli war die Titelkirche dieses Kardinals. Auf dem von Andrea Brego geschaffenen Relief des Grabmals sitzt in der Mitte der Apostel Petrus, links wendet sich Nicolaus Cusanus ihm in betender Haltung zu, rechts kniet ein Engel.

Die Moses-Skulptur von Michelangelo: An der Schmalseite des rechten Seitenschiffes befindet sich das Grabmal für Julius II. (Guiliano della Rovere, als Kardinal war San Pietro in Vincoli seine Titelkirche). 1506 hatte dieser Papst den Grundstein für die neue Peterskirche gelegt, in der für ihn ein übergroßes Grabmonument aufgestellt werden sollte. Den Auftrag dafür erteilte er dem soeben nach Rom gekommenen Michelangelo. Der Künstler ging mit großem Eifer ans Werk und plante ein Grabdenkmal mit zahlreichen Skulpturen. Schon bald aber musste er die Arbeiten unterbrechen, weil dem kunstliebenden Julius II. die Ausgestaltung der Decke in der Sixtinischen Kapelle vorrangiger erschien. Auch nach dem Tod des Papstes verzögerte sich die Vollendung des Monumentalgrabes, so dass es schließlich nur bei einigen Skulpturen blieb: Die Sklaven (heute im Louvre zu Paris und in der Akademie zu Florenz aufbewahrt) und der Moses, ein Werk einzigartiger Genialität, das heute das Zentrum des Grabmals in San Pietro in Vincoli bildet. Michelangelo schuf ihn in den Jahren 1515 und 1516. Der bärtige Moses, sitzend dargestellt, schaut zur rechten Seite hinüber. Die Hörner auf seiner Stirn kennzeichnen ihn als den Propheten, dessen Antlitz bei der Rückkehr vom Sinai – wie die Vulgata es übersetzt – „gehörnt" war. Mit seiner rechten Hand hält er zwei aufeinandergelegte Tafeln fest. Durch die Haut der nackten Arme treten die Adern und Muskeln stark hervor. Sein rechter Fuß steht fest auf dem Boden, den linken hat Moses nach hinten gestemmt; die so gedrehte Gestalt scheint sich jeden Augenblick in Richtung seines Blickes erheben zu wollen. Ruhig und zugleich voll innerer Spannung ist Moses in dem Augenblick dargestellt, in dem er – mit den Gesetzestafeln vom Berg Sinai kommend – das abtrünnige Volk bei der Verehrung des goldenen Kalbs entdeckt. „Da entbrannte der Zorn des Mose, und er schleuderte die Tafeln weg und zerschmetterte sie am Fuß des Berges" (Ex 32,19). Die Gestalt spiegelt die ganze Dramatik jenes Augenblicks wider: durch das Hervortreten der Adern und Muskeln, durch den zornigen Blick und durch die Bewegung des Körpers, der gerade im Begriff ist aufzuspringen.

In den die Moses-Statue flankierenden Nischen befinden sich zwei Frauenfiguren: Rachel und Lea, die beiden Gattinnen des Stammvaters Jakob; sie wurden ebenfalls von Michelangelo gestaltet. Im oberen Teil des Grabmonuments ist Julius II. liegend dargestellt; er hebt das Haupt, als ob gerade die Auferstehung von den Toten stattfände. Auch diese Liegestatue des Papstes entstammt nach neuestem wissenschaftlichen Befund der Hand Michelangelos.

Die sieben Hauptkirchen

- *Santa Croce in Gerusalemme*
- *San Giovanni in Laterano*
- *Santa Maria Maggiore*
- *San Lorenzo fuori le mura*
- *San Sebastiano fuori le mura*
- *San Paolo fuori le mura*
- *San Pietro in Vaticano*

Der Glockenturm von S. Maria Maggiore

Es ist ein sehr alter Brauch, die Wallfahrt nach Rom mit dem Besuch der sieben Hauptkirchen (auch Pilgerkirchen genannt) zu begehen. Im 16. Jahrhundert wurde diese Sitte durch den heiligen Filippo Neri (1515–1595) wiederbelebt: Als bedeutender Vertreter der Katholischen Reform (vgl. S. 39 ff.) widmete er sich ganz der religiösen Erneuerung Roms. Hierbei kam ihm seine muntere, humorvolle und volkstümliche Wesensart zugute. Einmal im Jahr lud er die Bevölkerung ein, sich seiner Wallfahrt zu den sieben Hauptkirchen anzuschließen: Zu Fuß und in festlicher Stimmung zogen große Menschenscharen von einer Pilgerkirche zur anderen.

Der Brauch, alle Hauptkirchen aufzusuchen, machte ein Netz von gut angelegten Straßen erforderlich, die die sieben Basiliken miteinander verbinden. Die Verbindung zwischen der Paulskirche und San Sebastiano erhielt sogar eine Straßenbezeichnung, die sich auf den alten Wallfahrtsbrauch bezieht: Via delle Sette Chiese (Straße der sieben Kirchen).

Von den sieben Hauptkirchen unterstehen fünf direkt dem Papst: San Giovanni in Laterano, San Pietro, San Paolo, Santa Maria Maggiore und San Lorenzo. Die fünf werden als Patriarchalbasiliken bezeichnet. In ihnen befindet sich jeweils an zentraler Stelle ein Altar, an dem nur der Papst oder ein von ihm besonders Beauftragter die Messe feiern darf. (Diese Bestimmung wurde jedoch durch Paul VI. gelockert, da der Altar bei den Eucharistiefeiern stets wieder im Zentrum der Gemeinde stehen soll.) Mit Ausnahme von San Lorenzo besitzen die römischen Patriarchalkirchen eine Porta Sancta; dieses Portal ist zugemauert und wird nur im Heiligen Jahr geöffnet.

Außerhalb Roms gibt es nur zwei weitere Patriarchalbasiliken: San Francesco und Santa Maria degli Angeli (beide in Assisi, vgl. S. 189 ff. und S. 205 ff.).

Santa Croce in Gerusalemme

(Piazza di S. Croce in Gerusalemme)

Diese Kirche ist bedeutungsvoll, weil in ihr Reliquien des Leidens Christi aufbewahrt werden, im Besonderen Teile des Kreuzes. Außerdem stammt der Legende nach die Erde unter der angrenzenden Helenakapelle vom Berg Golgota.

Die Gründung der Wallfahrtsstätte Santa Croce in Gerusalemme geht auf das 4. Jahrhundert zurück. Sie steht im Zusammenhang mit der Auffindung des Kreuzes Christi. Zwar liegt dieses Ereignis historisch im Dunkel, aber möglicherweise entdeckte man das Kreuz beim Bau der Doppelkirche, die Konstantin der Große über dem Grab und der Hinrichtungsstätte Jesu errichten ließ und die 335 geweiht wurde. Das erste literarische Zeugnis der Kreuzauffindung ist in einer 395 verfassten Rede des Kirchenvaters Ambrosius enthalten (De Obitu Theodosii, 40ff.): Helena, die Mutter Konstantins, habe bei ihrer Wallfahrt nach Palästina auf dem Golgotahügel das Kreuz Christi sowie die beiden Schächerkreuze, die Nägel und die Inschrift, die Pilatus hatte anbringen lassen, gefunden. Im Laufe der Jahrhunderte entstanden über die Kreuzauffindung vielerlei Legenden. Sie wurden zusammen mit apokryphen Schriften und der weiteren Geschichte der Reliquien in der Legenda Aurea des Jakobus von Voragine, einer der Erbauung dienenden Legendensammlung des 13. Jahrhunderts, verarbeitet.

Über die Verehrung der Kreuzreliquien wird bereits kurze Zeit nach der Weihe der Jerusalemer Doppelkirche berichtet, so durch Kyrillos von Jerusalem um 348 in seinen Katechesen (IV, 10 und X, 19). Größere und kleinere Partikel gelangten zur Verehrung an verschiedene Orte. Heute befinden sie sich unter anderem in Venedig (San Marco), Paris, Trier (St. Matthias) und Köln.

Baugeschichte

Als wichtigstes Kreuzheiligtum der westlichen Kirche ließ die Kaisermutter Helena die Versammlungshalle ihrer römischen Residenz (die Basilica Sessoriana) zu einer Kultstätte umgestalten; so entstand der ursprüngliche Bau von Santa Croce in Gerusalemme. Dieser Ursprungsbau wurde 1144 unter Papst Licius erneuert. Gleichzeitig wurde der Glockenturm errichtet. Im 18. Jahrhundert kam es nochmals zu einer grundlegenden Umgestaltung der Kirche. Ihre Betreuung liegt heute in der Hand des Zisterzienserordens.

Die Fassade

Die aus dem 18. Jahrhundert stammende spätbarocke Fassade ist zum Platz hin geschwungen. Vier Pilaster durchziehen ihre gesamte Höhe und betonen so die Senkrechte so stark, dass die Fassade sehr hoch erscheint und den Blick nach oben lenkt. Den oberen Abschluss bildet eine Balustrade mit Statuen. In der Mitte wird diese durch einen geschwungenen Giebel unterbrochen. Auf diesem erhebt sich weithin sichtbar ein von zwei Engeln flankiertes Kreuz.

Der Innenraum

Man durchschreitet die ovale Vorhalle. Von dort öffnet sich dem Eintretenden der Blick auf eine dreischiffige Basilika mit halbkreisförmiger Apsis.

In der Apsis befindet sich ein Fresko aus dem 15. Jahrhundert (von Antoniazzo Romano), das Szenen aus der Legenda Aurea darstellt. In einer der Legenden wird berichtet, die heilige Helena habe einen Mann namens Judas ausfindig gemacht, dem die Stelle bekannt war, wo die drei Kreuze (Jesu und der beiden Schächer) vergraben seien. Weil er es ihr nicht offenbaren wollte, ließ sie ihn in einem trockenen Brunnen so lange hungern, bis er sein Geheimnis preisgab. Die drei Kreuze werden ausgegraben, aber es ist nicht mehr erkennbar, welches das Kreuz Jesu ist. Man legt einen gerade verstorbenen Jüngling auf die Kreuze, und das wahre Kreuz Christi erweist sich dadurch, dass es den jungen Menschen zum Leben erweckt. Diese Szene ist auf der linken Seite des Freskos dargestellt. Die Legenda Aurea greift auch den Diebstahl der Kreuzreliquie durch den Perser Chosrau auf (zugrunde liegt das geschichtliche Ereignis der Entwendung der Kreuzreliquien durch die Perser im Jahre 614 und die Rückeroberung durch Kaiser Heraklius im Jahre 627). Auf der rechten Seite des Wandgemäldes ist abgebildet, wie der byzantinische Kaiser Heraklius den Perser besiegt. Dadurch kann er das Kreuz zurückerobern; anschließend bringt er es nach Jerusalem. Dort aber verwehrt ihm ein Engel, im Triumph auf einem Pferd durch das Stadttor zu reiten, da Jesus ja seinerzeit auf einem Esel einzog. Daraufhin betritt Heraklius das Kreuz tragend zu Fuß die Stadt. Die Mitte des Freskos stellt die heilige Helena mit dem Kreuz dar.

Seitlich der Apsis führt eine Treppe zur Helenakapelle hinab, unter der sich Erde aus Jerusalem befindet. Das Deckenmosaik, im 15. Jahrhundert nach Entwürfen von Melozzo da Forlì entstanden, zeigt Christus umgeben von den Evangelisten.

Im linken Seitenschiff findet sich der Zugang zur Reliquienkapelle. Im Gang ist ein Stück des Kreuzes vom guten Schächer zu sehen. Die Kapelle selbst bewahrt als Reliquien auf: drei Stücke des Kreuzes Christi, einen Nagel, ein Teil der Inschrift, die auf dem Kreuz Jesu angebracht war, und Dornen von der Dornenkrone.

Gerade in dieser Basilika empfiehlt es sich, ein wenig in Stille zu verweilen. Man kann dann von da aus direkt zur Basilika San Giovanni in Laterano gehen, die nicht allzu weit von Santa Croce entfernt ist (ca. 900 m über die Viale C. Felice, entlang der Aurelianischen Mauer).

San Giovanni in Laterano

(Piazza di Porta S. Giovanni und Piazza di S. Giovanni in Laterano)

Die BASILICA LATERANENSIS gehört zu den Kirchen, die Kaiser Konstantin nach den Mailänder Vereinbarungen (313) errichten ließ (vgl. S. 30). Sie wurde als römische Bischofskirche gegründet und war somit das kirchliche Zentrum der christlichen Gemeinde Roms. Auch heute noch ist sie die Kathedrale des Papstes (nicht San Pietro in Vaticano!). Der Papst ist Bischof von Rom; die Leitung des Bistums, das sich etwa mit dem Stadtgebiet deckt, ist aber einem päpstlichen Generalvikar übertragen: Der Generalvikar gehört dem Kardinalskollegium an und hat seinen Sitz in dem an die Lateranbasilika angebauten Lateranpalast. Der besondere Rang der römischen Bischofskirche kommt in der Bezeichnung zum Ausdruck: CAPUT ET MATER OMNIUM ECCLESIARUM URBIS ET ORBIS (Haupt und Mutter aller Kirchen Roms und des Erdkreises).

Baugeschichte
Für die Errichtung der Basilika stellte Kaiser Konstantin einen Teil des Grundstücks zur Verfügung, das der Adelsfamilie der Laterani gehört hatte und in kaiserlichen Besitz gelangt war (daher der Name BASILICA LATERANENSIS). Außerdem schenkte er der römischen Christengemeinde das Gelände einer Kaserne, in der die Equites Singularis – eine Soldateneinheit des einstigen Mitkaisers Maxentius – untergebracht waren; nach dem Sieg über Maxentius (312 an der Milvischen Brücke) hatte Konstantin die Gebäude schließen lassen.

Der Bau der Laterankirche erfolgte im Wesentlichen unter Papst Silvester I. (314–335); die etwa 100 m lange, fünfschiffige Basilika war zunächst Christus als dem Erlöser (Salvator) geweiht, später wurde sie Johannes dem Täufer und dem Evangelisten Johannes gewidmet. Die durch Plünderungen, Erdbeben und Brände häufig in Mitleidenschaft gezogene Basilika musste mehrmals restauriert werden. Ein umfangreicher Wiederaufbau war im 10. Jahrhundert unter Papst Sergius III. nach einem Erdbeben notwendig geworden. Im 13. Jahrhundert setzte sich Nicolaus IV. für eine reichhaltige Ausstattung der Basilika ein; unter anderem beauftragte der Papst die beiden Künstler Jacopo Torriti und Jacopo da Camerino, die dem Franziskanerorden angehörten, die Apsis unter Verwendung noch bestehender Bildteile mit Mosaiken zu schmücken. Urban V. (1362–1370) stiftete das mächtige, den Altar überragende gotische Ciborium. Aus dem 16. Jahrhundert stammen die vergoldete, reich verzierte Flachdecke (im 18. Jh. restauriert) und die Fassade an der Nordseite, also zur Piazza di San Giovanni in Laterano hin. Um 1600 überarbeiteten Giacomo della Porta und Cavalier d'Arpino unter Clemens VIII. das Querhaus, und zum Heiligen Jahr 1650 ließ Innozenz X. den Innenraum, insbesondere das Hauptschiff, von Francesco Borromini grundlegend umgestalten. Im 18. Jahrhundert entstand unter Clemens XII. die monumentale Hauptfassade im Osten. Leo XIII. ließ die Choranlage erweitern; hierzu musste man die Apsis abreißen und eine neue errichten; dabei wurde das Mosaik des 13. Jahrhunderts in den neuen Chorabschluss übernommen.

Die beiden Fassaden

An der Piazza San Giovanni in Laterano, die durch einen Obelisken (der höchste Roms) geschmückt ist, befindet sich die ältere und kleinere Fassade, von Domenico Fontana Ende des 16. Jahrhunderts gestaltet. Der Architekt bezog die zwei damals bereits vorhandenen Glockentürme harmonisch in das Gesamtkonzept ein. Portikus und Loggia bestehen jeweils aus fünf Arkadenbögen, die der Fassade einen ruhigen, würdevollen Rhythmus verleihen. Links – als seitliche Begrenzung des Platzes – erstreckt sich der Lateranpalast. Domenico Fontana errichtete ihn nach dem Vorbild des Palazzo Farnese (s. S. 145 f.). Das Gebäude ersetzt einen Vorgängerbau, der den Päpsten bis zum Exil (1305) als Residenz diente, nach ihrer Rückkehr aus Avignon aber verfallen war (Schäden durch einen Brand im Jahre 1308).

Nach Osten hin wird die Lateranbasilika durch die Hauptfassade abgeschlossen. Alessandro Galilei schuf sie um 1735 im Auftrag des Papstes Clemens XII. Das monumentale Werk ist durch Pilaster und Halbsäulen gegliedert; zusammen mit den mächtigen Postamenten nehmen sie die gesamte Fassadenhöhe ein. Die fünf Arkaden öffnen sich unten zu einem

Portikus, oben zu einer Loggia. Der mittlere Bogen ist durch flankierende Säulen und einen Dreiecksgiebel betont. Dort befindet sich der Balkon, von dem der Papst den Segen spendet. Den oberen Fassadenabschluss bildet eine Balustrade, auf der 15 große Statuen stehen (je 7 m hoch), in der Mitte – auf erhöhtem Sockel – Christus als Erlöser.

Gegenüber der Hauptfassade (auf der anderen Straßenseite) steht ein Denkmal des heiligen Franziskus und seiner ersten Gefährten: 1210 waren sie nach Rom gereist, um sich ihre Lebensweise von Innozenz III. bestätigen zu lassen. Ein Traum, in dem der bescheidene Mann aus Assisi die einsturzgefährdete Lateranbasilika stützte, bewog den Papst dazu, die neue Gemeinschaft anzuerkennen (vgl. S. 174 f. und S. 198). Weil der Lateran damals noch päpstliche Residenz war, muss dieses Ereignis sich hier abgespielt haben. Innozenz III., der zu den herausragendsten Päpsten des Mittelalters zählt, ist in der Lateranbasilika beigesetzt.

Der Innenraum

Die Hauptfassade birgt eine Vorhalle, von der fünf Portale in die Basilika führen. Das rechte, die Porta Sancta, ist stets vermauert und wird nur zu Beginn eines Heiligen Jahres geöffnet. Das mittlere enthält Bronzetüren, die aus der Curia des Forum Romanum stammen.

Das urspünglich fünfschiffige basilikale Schema ist noch erkennbar. Im Schnittpunkt von Lang- und Querhaus dominiert der mit einem hohen gotischen Baldachin versehene Papstaltar. Die Gesamtwirkung des Innenraums wird heute im wesentlichen durch die Veränderungen bestimmt, die Borromini im 17. Jahrhundert durchführte. Der Baumeister hat von den begrenzenden Säulen des Hauptschiffes je zwei zu einem stabilen Pfeiler zusammengefasst, der je eine Ädikula zur Aufnahme von Standbildern besitzt. In diesen Nischen stehen seit dem 18. Jahrhundert Statuen der Apostel.

Die Pilaster, die die Pfeiler seitwärts begrenzen, nehmen fast die gesamte Höhe des Mittelschiffs ein und bewirken eine vertikale Gliederung des Raumes. Der Blick wird hinaufgelenkt zu der Decke aus dem 16. Jahrhundert. Wenn man das Langhaus durchschreitet, geben die Durchgänge zwischen den Pfeilern die Sicht in die Seitenschiffe frei. Im inneren rechten Seitenschiff ist hinter dem – von Eingang aus – ersten Pfeiler das Fragment eines Freskos von Giotto angebracht, das Papst Bonifaz VIII. bei der Verkündigung des ersten Heiligen Jahres (1300) darstellt. Die Zuschreibung an den toskanischen Künstler wird jedoch bisweilen angezweifelt.

Die Vierung wird vom Papstaltar mit dem mächtigen Ciborium beherrscht: Der auf vier Säulen ruhende Baldachin enthält einen kubischen Hohlraum; durch kunstvoll gestaltete Gitter lässt sich in ihn hineinsehen; es befinden sich zwei Reliquienbüsten darin, die die Häupter der Apostel Petrus und Paulus umschließen. Das Ciborium wird nach oben durch reichhaltige gotische Stilelemente abgeschlossen: Die Fialen an den vier Ecken und der spitze Helm reichen fast bis zur Decke.

Wie die Schädelreliquien der Apostel in den Lateran kamen, ist nicht bekannt. Es gibt Hinweise darauf, dass die Häupter bereits sehr früh getrennt von den übrigen Gebeinen verehrt wurden. Einige Archäologen halten es sogar für möglich, dass zur Zeit der Valerianischen Verfolgung (258) die Apostelhäupter zur vorübergehenden Aufbewahrung „ad catacumbas“ kamen, also an die Stelle der heutigen Kirche San Sebastiano fuori le mura, die übrigen Reliquien aber in der Peterskirche beziehungsweise in Sankt Paul vor den Mauern verblieben (vgl. S. 105 f.). Einen verlässlichen Nachweis für die Aufbewahrung im Lateran (und zwar in der Kapelle Sancta Sanctorum) gibt es erst vom Ende des 11. Jahrhunderts, aber vermutlich gelangten sie bereits im 8. oder 9. Jahrhundert dorthin. 1370 übertrug Papst Urban V. die

Apostelhäupter in das von ihm gestiftete Ciborium über dem Hauptaltar, wo sie heute noch aufbewahrt werden.

Vor dem Papstaltar öffnet sich die Confessio, wo Martin V. (1417–1431) beigesetzt ist; die Bronzeplatte über seinem Grab schuf Donatello. Martin hatte sich in besonderer Weise dem Wiederaufbau und der Verschönerung der Ewigen Stadt nach dem Avignoner Exil gewidmet

In der Choranlage fällt das große Apsismosaik besonders in den Blick. Der obere Teil zeigt den geöffneten Himmel, in dem Christus erscheint – als Brustbild dargestellt und von Engeln umgeben. Unter ihm stellt der Heilige Geist in Gestalt einer Taube die Verbindung zu dem gemmengeschmückten Kreuz her, aus dem Wasserströme hervorquellen; an ihnen löschen Hirsche und Lämmer ihren Durst. Es klingt der Beginn des Psalms 42 an: „Wie der Hirsch lechzt nach frischem Wasser, so lechzt meine Seele, Gott, nach dir." Von den Seiten treten mit Namen bezeichnete Heilige hinzu. Links neben dem Gemmenkreuz steht in blauem goldverziertem Gewand die Gottesmutter; sie legt ihre Hand schützend auf den kniend abgebildeten Stifter des Bildes, Nicolaus IV. Hinter ihr ist zunächst – in geringerer Körpergröße – Franz von Assisi dargestellt, sodann – wieder gleich groß wie Maria – die Apostel Petrus und Paulus. Auf der rechten Seite befinden sich – dem Kreuz am nächsten – Johannes der Täufer und der Evangelist Johannes, die beiden Patrone der Laterankirche. Zwischen ihnen – an Körpergröße geringer – Antonius von Padua. Am rechten Mosaikrand tritt der Apostel Andreas ins Bild. Unter diesem großen Apsisbild sind zwischen den Fenstern die übrigen neun Apostel vergegenwärtigt. Am unteren Rand haben sich die beiden Künstler des Mosaiks, Jacopo Torriti und Jacopo di Camerino, bei der Arbeit selbst dargestellt; ihre braunen Kutten verraten, dass sie dem Franziskanerorden angehören. Auch Nicolaus IV. war Franziskaner; daraus erklärt sich die Abbildung der Ordensheiligen in dem Mosaikwerk. Franz von Assisi war 1228, Antonius 1232 heilig gesprochen worden; ihre Verehrung hatte sich rasch ausgebreitet, so dass ihre Abbildung in der Papstkathedrale bereits am Ende des 13. Jahrhunderts verständlich wird.

Angrenzende Bauwerke

Im äußeren linken Seitenschiff ist der Zugang zu dem sehenswerten *Kreuzgang* (1. Hälfte des 13. Jh.) mit kostbarer Cosmatenarbeit (zu den Cosmaten vgl. S. 109).

Auf der Piazza San Giovanni in Laterano (gegenüber dem Lateranpalast) erhebt sich das *Baptisterium*, die Taufkapelle. Im 4. Jahrhundert unter Konstantin gegründet, wurde es im fünften Jahrhundert erneuert. Im Laufe der Jahrhunderte erweiterte man die Ausstattung und versah das achteckige Gebäude mit Anbauten, in denen sich weitere Kapellen befinden. Das Zentrum bildet das Taufbecken. Es ist – entsprechend dem achteckigen Grundriss – mit acht Porphyrsäulen umgeben; sie tragen einen Architrav, auf dem kleinere Säulen als Stütze für die Kuppel ruhen. Die Zahl Acht weist in der Zahlensymbolik auf die Auferstehung hin: Christus ist am achten Tag auferstanden, nämlich am Morgen nach dem Sabbat, dem siebten Tag der Woche. Hierdurch begann eine neue Schöpfung; der Auferstehungstag wird deshalb als achter Schöpfungstag verstanden; in das neue Leben wird der Mensch durch die Taufe hineingeboren. Zahlreiche Baptisterien haben deswegen das Achteck als Grundriss.

Nordwestlich des Lateranpalastes befindet sich auf der anderen Straßenseite ein von Domenico Fontana im 16. Jahrhundert gestaltetes Gebäude, das die Scala Sancta und die Kapelle Sancta Sanctorum umschließt. Die Heilige Stiege (*Scala Sancta*) besteht aus Marmorstufen, die als die Treppe verehrt werden, auf der Jesus im Prätorium des Pilatus hinaufgestiegen ist. Die Verehrung der Scala Sancta ist in Rom seit dem 14. Jahrhundert bezeugt. Die mit Holz verkleidete Treppe wird aus Ehrfurcht nur kniend im Gebet bestiegen. Seitwärts befinden sich weitere Treppen, die mit den Füßen betreten werden dürfen. Am oberen Ende der Heiligen Stiege liegt die *Sancta Sanctorum*, die päpstliche Hauskapelle des mittelalterlichen Lateranpalastes. Die Inschrift auf dem Architrav über dem Altar weist auf ihre Bedeutung hin: NON EST IN TOTO SANCTIOR ORBE LOCUS (Auf dem ganzen Erdkreis gibt es keinen heiligeren Ort). Hinter dem Altar ist eine Ikone angebracht, die als „acheropita" (nicht von Menschenhand gemacht) verehrt wird. Die kleine Kapelle ist mit einem wertvollen Cosmatenfußboden und mit kostbaren Mosaiken und Fresken geschmückt. Nach ihrer Restaurierung, die erst vor wenigen Jahren erfolgte, erstrahlt sie wieder in vollem Glanz und ursprünglicher Frische.

Santa Maria Maggiore

(Piazza S. Maria Maggiore und Piazza dell' Esquilino)

Diese Kirche liegt auf dem Esquilin, einem der sieben Hügel Roms, in der Nähe des Bahnhofs Termini. Die Via Merulana, eine breite schnurgerade Straße, verbindet sie mit der Lateranbasilika. Zwischen den beiden Kirchen verläuft am Fronleichnamstag die große Prozession.

Baugeschichte

Die Marienkirche wurde unter Papst Sixtus III. (432–440) errichtet, nachdem 431 das Konzil von Ephesus die Mutter Jesu als Gottesgebärerin verkündet hatte und dadurch die Marienverehrung aufgeblüht war.

Möglicherweise entstand bereits unter Papst Liberius (352–366) ein Vorgängerbau. Eine Legende erzählt, es habe mitten im Sommer auf dem Esquilin geschneit und das Schneefeld habe wie der Grundriss einer Basilika ausgesehen. Dem Auftrag der Gottesmutter folgend, habe Liberius dann die Marienkirche erbauen lassen. Das Kirchweihfest von Santa Maria Maggiore, das am 5. August gefeiert wird, versteht sich auch als Gedenktag dieses Schneewunders.

Im Laufe ihrer Geschichte erhielt die Basilika zahlreiche Umgestaltungen und Erweiterungen, jedoch bewahrte der Innenraum im Wesentlichen den ursprünglichen Charakter aus dem fünften Jahrhundert, insbesondere sind die Mosaiken im Obergaden und auf dem Triumphbogen erhalten geblieben. Im 13. Jahrhundert wurde unter Nicolaus IV. (1288–1292) die Kirche nach dem Entfernen der Apsis um ein Querhaus erweitert und mit einem neuen Chorabschluss versehen. 1377 erhielt das Bauwerk den schönen Glockenturm, der mit 75 m der höchste in der Ewigen Stadt ist. Die vielen Seitenkapellen stammen aus verschiedenen Epochen. Die kostbare vergoldete Kassettendecke gab Papst Alexander VI. (1492–1503) in Auftrag. Die Fassade an der Piazza S. Maria Maggiore gestaltete Ferdinando Fuga (18. Jh.), wobei der Künstler die seitlichen Palastfronten des 17. und 18. Jahrhunderts einbezog.

Die Aussenansicht

Vor der Fassade Fugas breitet sich die Piazza S. Maria Maggiore aus; auf diesem Platz erhebt sich eine Säule, die aus der Konstantinsbasilika des Forum Romanum stammt und später mit einer Statue „Maria mit dem Jesuskind" bekrönt wurde. Die Fassade ist von Palastbauten flankiert und von dem Glockenturm überragt. Sie besteht aus zwei Geschossen: Das untere bildet einen fünfachsigen Portikus. Das obere, schmälere Stockwerk besteht aus drei Arkaden mit der Loggia für den Papstsegen. Durch die Arkaden hindurch ist die alte Fassade zu sehen mit bemerkenswerten Mosaiken Filippo

Rusutis (13. Jh.). Nach oben schließt die Loggia durch eine mit Statuen geschmückte Balustrade ab. Von den fünf Eingangsportalen ist eines (die Porta Sancta) verschlossen und wird wie die in den anderen Patriarchalbasiliken nur im Heiligen Jahr geöffnet.

Die westliche Seite der Kirche gestaltete Carlo Rainaldi (17. Jh.). Sie wird von den Kuppeln der Cappella Sistina und Cappella Paolina überhöht. Zu den Portalen, die sich zu beiden Seiten der Apsis öffnen, führt eine breite ausschwingende Freitreppe hinauf. Davor – auf der Piazza dell' Esquilino – erhebt sich ein Obelisk.

Der Innenraum

Er wird durch mächtige Säulen, die einen Architrav tragen, in drei Schiffe gegliedert. Das Mittelschiff ist höher und seine prunkvolle vergoldete Flachdecke greift in der Ornamentik das Wappen des Auftraggebers Alexander VI. (1492–1503) auf. (Das Wappentier ist der Stier.) Der Obergaden ist mit Mosaiken geschmückt, die aus der Zeit des Erbauers, Sixtus III. (432–440), stammen und alttestamentliche Szenen zum Inhalt haben.

Das Triumphbogenmosaik stammt ebenfalls aus dieser Epoche und hat die Kindheitsgeschichte Jesu zum Thema. Gut zu erkennen ist links oben die Verkündigung an Maria (sie ist in der Gestalt einer königlich gekleideten Frau dargestellt, über ihr der Heilige Geist als Taube) und rechts daneben die Ankündigung der Geburt Jesu an Josef (dieser steht vor seinem Haus und ein Engel spricht zu ihm). Das darunter befindliche Mosaik schildert die Anbetung der Weisen: Sie treten von beiden Seiten zu dem auf einem Thron sitzenden Knaben.

Vor der Apsis dominiert der Hochaltar. Der erhabene Baldachin, der sich über ihm aufspannt, ruht auf vier Porphyrsäulen. Unter dem Altar sind in einem kostbaren Glasbehälter Reliquien aufbewahrt, die als Teile der Krippe von Betlehem verehrt werden.

Die Apsis wird beherrscht von dem Mosaik, das Papst Nicolaus IV. (1288–1292) in Auftrag gab und Jacopo Torriti ausführte (1295). Das Bild zeigt unter dem aufgespannten Himmel Christus und Maria, die in einem blauen Kreisrund auf einem gemeinsamen Thron sitzen. Der Sohn – mit Kreuznimbus und dem aufgeschlagenen Buch – setzt mit der rechten Hand seiner Mutter die Krone auf. Die Szene ist im unteren Bereich von Engeln umgeben. Von beiden Seiten treten Heilige heran; sie sind durch Inschriften gekennzeichnet: links Petrus, Paulus und Franziskus, rechts Johannes der Täufer, der Evangelist Johannes und Antonius von Padua. Kniend dargestellt sind links der Auftraggeber, Nicolaus IV., und rechts der zeitgenössische Kardinal Jacopo Colonna. Der Künstler dieses Mosaikbildes, Jacopo Torriti, hat auch bei der Gestaltung der Apsis von San Giovanni in Laterano mitgewirkt. Zusammen mit Filippo Rusuti (Fassade von Santa Maria Maggiore) und Pietro Cavallini („Marienleben" in der Apsis von Santa Maria in Trastevere) gehört er zu den bedeutendsten römischen Künstlern des 13. Jahrhunderts.

Von den zahlreichen Seitenkapellen sollen hier nur die zwei wichtigsten beschrieben werden. Im rechten Seitenschiff ist der Zugang zu der kuppelüberwölbten Cappella Sistina – benannt nach dem Auftraggeber Sixtus V. (1585–1590). Sie ist ein Werk Domenico Fontanas und birgt im Zentrum die kleine Cappella del Presepe, die früher zur Aufbewahrung der Krippenreliquien diente. Die sehr lebendige Gestaltung mit Figuren der Geburt Christi stammt größtenteils von Arnolfo di Cambio. Die Cappella Sistina enthält die von Fontana geschaffenen Grabmäler des heiligen Papstes Pius V. und des Auftraggebers, Sixtus V.

Im linken Seitenschiff öffnet sich die ebenfalls mit einer

Kuppel versehene Cappella Paolina. Sie ist nach ihrem Stifter Paul V. (1605–1621) benannt und wurde im 17. Jahrhundert von Flaminio Ponzio als Pendant zu dem gegenüberliegenden Sixtinischen Kapellenraum errichtet. Der Künstler schuf auch die beiden Grabmäler, links für Papst Paul V., rechts für Clemens VIII. Der reich geschmückte Altaraufsatz – von Girolamo Rainaldi entworfen – enthält eine Ikone „Maria mit dem Kind“, die ins 9. Jahrhundert datiert wird. Gerne wird gesagt, der heilige Lukas habe dieses Marienbild gemalt. Dies ist mehr als nur eine fromme Legende, denn damit wird daran erinnert, dass Lukas unter den Evangelisten am ausführlichsten und einfühlsamsten über die Mutter Jesu berichtete.

San Lorenzo fuori le mura

(Piazzale di San Lorenzo)

Die Verehrung des heiligen Laurentius hat früh einsetzt. Bereits im vierten Jahrhundert lag eine Legende vor, die in späterer Zeit mehr und mehr ausgestaltet wurde. Laurentius, Diakon des Papstes Sixtus II. (257–258), sei mit der Verwaltung des Kirchenvermögens betraut gewesen. Der römische Kaiser, dem der Reichtum der Kirche bekannt geworden war, habe die Herausgabe der Kirchengüter erzwingen wollen; der Diakon aber habe das Vermögen unter die Armen verteilt, sei mit diesen zum kaiserlichen Palast gegangen und habe erklärt: Diese Leute sind die wahren Schätze der Kirche. Daraufhin sei Laurentius auf einem Rost über dem Feuer gemartert worden. Nach Ambrosius, der in seiner Schrift „Über die Pflichten der Kirchendiener“ das Martyrium des Diakons erwähnt, habe dieser auf dem Rost liegend noch spöttisch gesagt: „Der Braten ist fertig, wende ihn und iss!“

Und Ambrosius fügt hinzu: „So besiegte er durch den Starkmut der Seele die Natur des Feuers" (vgl. de Off. I, 41, 207).

Baugeschichte

Laurentius erlitt 258 unter Kaiser Valerian den Märtyrertod und wurde an der Via Tiburtina beigesetzt. Über seinem Grab entstand bereits zur Zeit Konstantins eine kleine Basilika, die unter Papst Pelagius II. (579–590) erneuert wurde. Papst Honorius III. (1216–1227) erweiterte sie nach Westen hin, so dass nunmehr die Pelagianische Kirche den Chorabschluss des Gesamtbauwerks bildet. Im Mittelalter kam auch der schlichte Glockenturm hinzu. In den folgenden Jahrhunderten wurde die Basilika mehrmals überarbeitet, bis Pius IX. (1846–1878) durch eine gründliche Restaurierung den Zustand des 13. Jahrhunderts weitgehend wiederherstellte. Außerdem ließ dieser Papst unter der Choranlage einen Raum ausheben, in der die Laurentiusgebeine einen würdigen Aufbewahrungsort erhielten. 1943 fügte ein Bombenangriff der Kirche erhebliche Schäden zu. Pius XII. besuchte daraufhin sofort San Lorenzo, um die Betroffenen zu trösten und sich ein Bild von den Zerstörungen zu machen. Ein Denkmal des Papstes an der Seite des Vorplatzes erinnert an dieses Ereignis. Die Betreuung der Kirche ist dem Kapuzinerorden anvertraut.

Der Innenraum

Der Gang in die Kirche führt durch einen mit Fresken geschmückten Portikus aus dem 13. Jahrhundert. Im Inneren der dreischiffigen Basilika wird der Blick durch das Langhaus zur erhöhten Choranlage gelenkt. Im Obergaden erhellen zahlreiche Fenster die Kirche. Sowohl Langhaus als auch Chor besitzen einen Cosmatenfußboden, dessen geometrische Muster – aus verschiedenfarbigen Steinen gebildet – den Raum beleben.

In der Mitte des Hauptschiffes befindet sich zu beiden Seiten je ein Ambo für die Lesung der Epistel und des Evangeliums. Sie sind ebenfalls wertvolle Cosmatenarbeiten. Die Choranlage entspricht der unter Pelagius II. errichteten Basilika; sie ist in drei Schiffe gegliedert und seitlich mit Emporen versehen. Bei der Erweiterung unter Honorius III. entfernte man nur die nach Westen gerichtete Apsis und erhöhte das Fußbodenniveau. Weil bei dieser Veränderung die Orientierung der Kirche umgedreht wurde, ist nun das Triumphbogenmosaik dem Altarraum zugewandt (nicht – wie üblich – dem Langhaus). Es stammt aus dem 6. Jahrhundert und zeigt in der Mitte den thronenden Christus, zu dem von beiden Seiten Heilige treten; ihnen schließt sich auch der Erbauer der Kirche an, Papst Pelagius II. (links, ohne Nimbus, das Kirchenmodell in den Händen). In den seitlichen unteren Ecken des Mosaiks sind die Städte Jerusalem und Betlehem abgebildet. An der Wand, die den Chorraum nach hinten abschließt, befindet sich die in Cosmatenkunst gearbeitete Papstkathedra. Über dem Hauptaltar erhebt sich ein Baldachin aus dem 12. Jahrhundert. Er ist durch zwei übereinander stehende Säulenarkaden und eine Laterne gestaltet.

Im 19. Jahrhundert hat Papst Pius IX. unter dem Chor einen Raum ausheben lassen, in den die Gebeine des heiligen Laurentius überführt wurden. Auch Reliquien des heiligen Stephanus wurden hier beigesetzt. Dieser erste Märtyrer der Christenheit (vgl. Apg 6) wird in enger Verbindung zu Laurentius gesehen: Beiden ist das Diakonenamt und das Martyrium gemeinsam. In einem Raum, den Pius IX. hinter dem Laurentiusgrab anlegen ließ, befindet sich dessen letzte Ruhestätte.

San Sebastiano fuori le mura

(Via Appia Antica und Vicolo delle Sette Chiese)

Diese Kirche liegt ca. 1,5 km vor dem Stadttor Porta San Sebastiano, das nach ihr benannt ist, und gehört zu den altehrwürdigen Stätten, die bereits unter Konstantin dem Großen erbaut wurden.

Die Basilika trägt auch den Namen San Sebastiano ad Catacumbas (catacumba = Mulde, Senke). Tatsächlich befand sich an der Stelle der heutigen Basilika im Altertum eine natürliche Senke im Boden; Catacumbas könnte demnach eine antike Flurbenennung dieses Ortes gewesen sein. Von diesem Begriff leitet sich auch die Bezeichnung Katakomben ab; als nämlich im 16. Jahrhundert die wiederentdeckten unterirdischen Begräbnisstätten Roms systematisch erforscht wurden, nannte man sie Katakomben in Anlehnung an San Sebastiano ad Catacumbas: Die unter dieser Kirche liegenden Bestattungsareale waren das ganze Mittelalter hindurch nie in Vergessenheit geraten.

Archäologische Funde und Baugeschichte

Von der natürlichen Mulde aus wurden bereits im 2. Jahrhundert drei Grufträume schräg in die Tiefe gegraben. Diese reich mit Stuck und Malereien dekorierten Kammern gehören heute zu den besterhaltenen Roms.

In der Mitte des 3. Jahrhunderts fand eine grundlegende Umgestaltung der Grabanlage statt: Die Mulde und die drei Bestattungskammern wurden zugeschüttet, und so entstand ein Platz, den man an einer Seite durch einen Raum begrenzte. Dort wurden bei Ausgrabungen Wandkritzeleien entdeckt, die die Namen Petrus und Paulus nennen und diese Heiligen um Fürbitte anrufen. Dieser mit Bänken ausgestattete Raum war offenbar für Totengedächtnismähler (refrigeria) zu Ehren der beiden Apostel bestimmt. Alte Kalender des

4. und 5. Jahrhunderts, die die in Rom gehaltenen Märtyrergedenktage aufführen, wissen ebenfalls von einer Apostelverehrung „ad catacumbas", und zwar jährlich am 29. Juni seit 258, dem Jahr der großen Verfolgung unter Valerian. Zu den christenfeindlichen Maßnahmen unter diesem Kaiser gehörte auch die Schließung der Friedhöfe. Dadurch wurde es den Gläubigen unmöglich gemacht, die Gräber der Apostel zu besuchen – das Petrusgrab am Vatikan (vgl. S. 110 f.) und das Paulusgrab an der Via Ostiense (vgl. S. 105 f.). Es liegt also nahe, dass die christliche Gemeinde eine Gedenkstätte schaffen wollte, wo sie die Versammlungen zu Ehren der beiden Apostel halten konnte. Hierzu richteten sie die Kultstätte ein. Diese wurde unter der Basilika San Sebastiano gefunden.

Eine Inschrift des Papstes Damasus (366–384) besagt, dass Petrus und Paulus hier „gewohnt" hätten; gemeint ist wohl, dass die Reliquien der beiden Apostel unter der späteren Kirche San Sebastiano beigesetzt waren. Bei Ausgrabungen wurde aber keine Stelle gefunden, die als Aufbewahrungsort der Gebeine gelten könnte. Die Apostelverehrung an dieser Stelle wirft also Rätsel auf, die noch auf Beantwortung warten. Die Forschung hat sich im Großen und Ganzen in zwei Richtungen bewegt: Die eine vertritt die These, die Gebeine der beiden Apostel seien nie hier gewesen. Die andere geht davon aus, dass zur Zeit der Valerianischen Verfolgung Reliquien – möglicherweise nur die Häupter – von dem Petrusgrab (am Vatikan) und vom Paulusgrab (an der Via Ostiense) vorübergehend zur Kultstätte „ad catacumbas" in Sicherheit gebracht worden sind.

Später wurden die Gebeinde des Märtyrers Sebastian unmittelbar in der Nähe der Apostel-Kultstätte beigesetzt. Die Verehrung dieses Heiligen nahm schnell zu, so dass viele Gläubige seinen Bestattungsort besuchten. Deswegen erweiterte man schon früh die Stelle vor seinem Grab zu einem Gruftraum.

Unter Kaiser Konstantin wurde über der Apostelgedenkstätte eine Basilika errichtet, die in drei Schiffe gegliedert war und einen Chorumgang besaß. Die zunächst Basilica Apostolorum genannte Kirche trägt seit dem 9. Jahrhundert die Bezeichnung San Sebastiano, meistens mit der Ergänzung „fuori le mura", weil sie außerhalb der Stadtmauern liegt. Im 17. Jahrhundert wurde sie im Auftrag des Kardinals Scipio Borghese im barocken Stil verändert und erhielt eine Fassade mit dreibogigem Portikus.

Das Leben des heiligen Sebastian

Die im 5. Jahrhundert verfasste Sebastianlegende berichtet – zusammengefasst – Folgendes: Obwohl er Christ war, gehörte der Heilige als Offizier der kaiserlichen Garde an. Während der Verfolgung unter Diokletian stand er vielen christlichen Gefangenen bei und ermutigte sie, ihrem Glauben an Christus treu zu bleiben. Aber auch ihn traf das Martyrium: Sebastian wurde an einen Pfahl gebunden und mit Pfeilen beschossen, bis er zusammenbrach. Die Bogenschützen ließen den Totgeglaubten liegen, aber Irene, eine christliche Witwe, pflegte den noch lebenden Sebastian. Als er wieder gesund war, trat er mutig gegen den erstaunten Kaiser auf und beschuldigte ihn öffentlich wegen der Verfolgung der Christen. Der Kaiser ließ ihn mit Knüppeln zu Tode schlagen und in die Cloaca Maxima, die große römische Abwasseranlage, werfen. Die Römerin Lucina barg den Leichnam und bestattete in „in catacumbas".

Die Basilika und die Ausgrabungen

Die einschiffige Kirche besitzt mehrere Seitenkapellen, die teilweise in die ursprünglichen Seitenschiffe der Basilika hineingebaut wurden. Die reichverzierte Kassettendecke enthält das Wappen des Kardinals Borghese (Adler und Drache). Rechts befindet sich die Sebastianskapelle mit einer Statue Giorgettis: Sie stellt den Märtyrer dar, wie er von den Pfeilen verletzt am

Boden liegt. In einer weiteren Seitenkapelle rechts wird ein Stein aufbewahrt, in dem eine Einsenkung auffällt; er wird als ein Fußabdruck verehrt, den Christus bei seiner Begegnung mit Petrus an der Via Appia hinterlassen haben soll (vgl. S. 23).

Rechts vom Kirchenportal befindet sich der Durchgang zu den unterirdischen Begräbnisanlagen und den Ausgrabungen: der Krypta des heiligen Sebastian mit einer Bernini zugeschriebenen Büste des Märtyrers, den drei Grabräumen aus dem 2. Jahrhundert mit gut erhaltenen Stuckarbeiten und Wandmalereien und dem frühchristlichen Versammlungsraum mit den in den roten Putz eingeritzten Anrufungen der Apostel Petrus und Paulus.

Außerdem wird noch ein größerer Gruftraum gezeigt – Platonia genannt –, der ursprünglich als Aufbewahrungsort der Apostelreliquien galt. Eine Ende des 19. Jahrhunderts entdeckte Inschrift legt aber nahe, dass es sich um ein Mausoleum für die Gebeine des heiligen Quirinus handelt. Dieser Märtyrer war um 300 Bischof in Siscia (Sissek, im heutigen Kroatien) und wurde in einem Fluss ertränkt. Zunächst in Sabaria (Ungarn) bestattet, wurden seine Reliquien im 5./6. Jahrhundert vor den Barbareneinfällen nach Rom in Sicherheit gebracht.

San Paolo fuori le mura

(Viale di S. Paolo und Via Ostiense)

Die frühchristliche Literatur nennt die Apostel Petrus und Paulus gerne in einem Atemzug, ihr Fest wird am selben Tag begangen, und die Kunst stellt sie meistens gemeinsam dar. Jedem der beiden ist eine Grabeskirche erbaut worden: für Petrus die Basilika am Vatikan, für Paulus San Paolo fuori le mura an der Via Ostiense. Unter der Peterskirche hat die

Archäologie einen Friedhof freigelegt und das Petrusgrab gefunden. In der Paulsbasilika sind bisher noch keine Ausgrabungen vorgenommen worden; aber archäologische Untersuchungen im Umkreis der Kirche haben gezeigt, dass San Paolo auf einem Friedhofsgelände errichtet worden ist. Außerdem gibt es einen sehr beachtenswerten Hinweis aus dem 19. Jahrhundert, als die Basilika durch einem Brand zerstört worden war und durch einen Neubau ersetzt werden musste: Damals hat der Architekt Vespignani unter dem Papstaltar ein Monument entdeckt und in Zeichnungen festgehalten. Bei diesem handelt es sich wahrscheinlich um das Tropaion, das Siegesmal, das nach Aussage des Gaios von Rom (um 200) die Begräbnisstätte des Apostels Paulus an der Via Ostiense markiert (s. S. 22).

Baugeschichte

Unter Kaiser Konstantin entstand eine erste Kirche; aber bereits Ende des 4. Jahrhunderts wurde sie durch einen größeren Neubau ersetzt. Diese fünfschiffige Basilika war bis zum 16. Jahrhundert, als die Peterskirche am Vatikan neu und weiträumiger errichtet wurde, die größte Kirche der Christenheit.

1823 zerstörte ein Brand San Paolo fuori le mura so stark, dass eine Restaurierung nicht mehr möglich war. Unter der Leitung des Architekten L. Poletti wurde eine neue Basilika erbaut, in die sich wieder gerettete Teile der alten Kirche einbeziehen ließen. Die Erbauer orientierten sich weitgehend am Stil und an den Maßen des Baues vom Ende des 4. Jahrhunderts, so dass San Paolo heute recht authentisch den Eindruck einer frühchristlichen Basilika wiedergibt.

Das Atrium

Der Weg zu den Hauptportalen, von denen das rechte, die zugemauerte Porta Sancta, nur im Heiligen Jahr geöffnet wird, führt von Westen durch das Atrium. Dieser Hof ist an allen vier Seiten von einem Säulengang umgeben. In der Mitte der grün bepflanzten und mit Palmen belebten Anlage erhebt sich eine eindrucksvolle Statue des heiligen Paulus, geschaffen von Canonica: Der Apostel neigt sein mit einem großen kapuzenartigen Tuch bedecktes Haupt den ankommenden Pilgerinnen und Pilgern zu; in der rechten Hand hält er ein Schwert als Hinweis auf seinen Märtyrertod durch Enthauptung.

Spätantike und mittelalterliche Kirchen haben häufig ein Atrium; auch die alte Peterskirche besaß eines. Vor dem Eintritt in die Basilika werden die Gläubigen durch diesen Ort der Ruhe geführt, um sich innerlich auf die Kirche als Raum der Sammlung und des Gebetes vorzubereiten.

Die Giebelwand – vom Atrium aus gut zu betrachten – ist mit Mosaiken im Stil des 19. Jahrhunderts geschmückt: Die untere Zone, die von Fenstern unterteilt ist, zeigt vier Propheten. Das darüberliegende Feld enthält in der Mitte Christus als das Lamm Gottes, dem sich von beiden Seiten Lämmer nähern. Dieses frühchristliche Motiv versinnbildlicht die Gläubigen auf ihrem Weg zum Herrn. Im obersten Mosaik (im Giebel) thront Christus, flankiert von Petrus und Paulus, die auch hier – wie so oft in der Kunst – gemeinsam ins Bild gebracht werden.

Der Innenraum

Innen vermittelt San Paolo fuori le mura eine feierliche Atmosphäre; sie wird einerseits durch die strenge architektonische Gliederung mit 80 glatten, hochpolierten Säulen hervorgerufen, andererseits durch die Alabasterfenster, die ein warmes Licht spenden. Oberhalb der Säulen und der unteren Wandzone verläuft ein Fries mit Mosaikmedaillons, die die Bildnisse aller Päpste enthalten; die Bildfolge beginnt mit dem Apostel Petrus und endet mit dem jeweils amtierenden

Papst. Die Darstellungen sind aus neuerer Zeit; aber bereits die 1823 zerstörte Basilika war mit Papstbildnissen versehen, von denen einige erhalten sind und im Museum des angrenzenden Benediktinerklosters gezeigt werden.

Das großartige Mosaik des Triumphbogens vor dem Querhaus stammt aus dem 5. Jahrhundert und konnte ebenfalls aus der 1823 zerstörten Basilika gerettet werden. Durch schlechte Restaurierung hat es leider gelitten; inhaltlich wird es aber der ursprünglichen Darstellung entsprechen: In der Mitte dominiert der segnende Christus in der kreisrunden Glorie. Beidseitig von ihm schweben die vier geflügelten Wesen der Apokalypse: Stier, Mensch, Löwe, Adler (Offb 4,7 f.). Ebenfalls an die Offenbarung des Johannes erinnern die 24 weiß gekleideten Männer, die von beiden Seiten (jeweils 12) zur Mitte schreiten. Sie tragen Siegeskränze in den Händen und werden von je einem Engel geführt, der sie zu Christus geleitet. Sie sind die 24 Ältesten, die sich in der Apokalypse vor dem Throne Gottes anbetend zu Boden werfen und goldene Kränze niederlegen (Offb 4). In den beiden dunkelblauen Feldern rechts und links unter den 24 Männern sind die Apostel Petrus und Paulus abgebildet.

In frühchristlichen Kirchen finden sich häufig Hinweise auf die Apokalypse. Dieses letzte Buch der Bibel beschreibt in Visionen die Wiederkunft Christi und die Vollendung der Schöpfung, in der das himmlische Jerusalem, die neue Stadt, ihren Platz einnimmt (Offb 21). In der Symbolik des frühen Christentums erhält der Sakralraum selbst die Bedeutung dieser Himmelsstadt. Hier versammelt sich die Gemeinde um Christus, der in der Eucharistie gegenwärtig wird.

Ebenfalls aus dem Vorgängerbau gerettet wurde das Ciborium über dem Papstaltar, ein Werk Arnolfo di Cambios. Auf vier kostbaren Säulen (Porphyr), die mit vergoldeten Kapitellen abschließen, ruht ein in gotischem Stil reich gearbeiteter Baldachin.

Das Apsismosaik aus dem Jahre 1220 wurde von Papst Honorius III. in Auftrag gegeben. Spätere Restaurierungen haben es stark verändert. Es zeigt Christus als thronenden Herrscher, seine rechte Hand zum Segen erhoben, in der Linken das aufgeschlagene Buch haltend, das mit einer Inschrift in lateinischer Sprache versehen ist: „Kommt, Gesegnete meines Vaters, besitzet das Reich, das euch vom Anfang der Welt bereitet ist" (Mt 25, 34). Zu beiden Seiten treten Heilige hinzu: auf der linken Seite Paulus und Lukas, auf der rechten Seite Petrus und Andreas.

Der Kreuzgang

Ein besonderes Kleinod mittelalterlicher Baukunst ist der angrenzende Kreuzgang (Zugang vom rechten Seitenschiff); er stammt aus der ersten Hälfte des 13. Jahrhunderts und wurde bei der Brandkatastrophe nicht beschädigt. Der Hof ist umgeben von paarweise angeordneten, zierlichen Säulen verschiedener Formen; viele von ihnen sind mit Mosaikeinlagen geschmückt und vermitteln den Eindruck einzigartiger Kostbarkeit. Der über den Säulenarkaden verlaufende Fries ist mit Marmorintarsien belebt.

Dieser Kreuzgang, den die Künstlerfamilie der Vassalletti schuf, ist ein Hauptwerk der *Cosmatenkunst*. Bei den Cosmaten handelte es sich zunächst um die Mitglieder einer Familie, deren bedeutendste Vertreter den Vornamen Cosmas besaßen und die im 13. Jahrhundert in Rom durch ihre schön gestalteten Einlegearbeiten berühmt geworden waren: Aus farbigem Naturstein und Glasmosaik gestalteten sie geometrische Muster, mit denen sie Fußböden, Kircheninventar und Kreuzgänge schmückten. Schließlich wurde der Begriff Cosmaten als Sammelbezeichnung für alle Künstler eingeführt, die diese Kunst beherrschten, so auch die Vassalletti, denen wir den Kreuzgang der Paulskirche verdanken.

San Pietro in Vaticano

- *Das Petrusgrab*
- *Die Konstantinische Basilika*
- *Baugeschichte der neuen Peterskirche*
- *Der Petersplatz*
- *Die Basilika*
- *Umgebung von San Pietro*

Die Kuppel von San Pietro in Vaticano; im Vordergrund die Engelsbrücke

Wie schon im Einleitungskapitel „Geschichtliches“ erwähnt (vgl. S. 22 f.), wurde Petrus wahrscheinlich zur Zeit Neros hingerichtet, und zwar vermutlich – wie viele andere Christen auch – im Neronischen Circus, der sich auf dem Vatikanischen Hügel befand. Es ist gut denkbar, dass Mitglieder der christlichen Gemeinde den Leichnam des Apostels gleich in der Nähe beisetzten, weil sie möglichst kein Aufsehen erregen wollten und schnell handeln mussten. Archäologische Grabungen in den Jahren 1940 bis 1949 und 1953 bis 1957 haben unter der Peterskirche große Teile eines Friedhofs freigelegt und Indizien für die sichere Annahme geliefert, dass sich unter dem Papstaltar das Petrusgrab befindet.

Das Petrusgrab

Die bei den Ausgrabungen gemachten Entdeckungen lassen auf folgende Entwicklung der Bestattungsanlage schließen:

Der Leichnam des Apostels wurde nur in ein einfaches Erdgrab gelegt, aber diese Bestattungsstelle geriet nie in Vergessenheit. Um das Jahr 160 errichtete man genau über dem Petrusgrab ein Monument: Eine rot verputzte Mauer besitzt oberhalb des Bodens zwei übereinander stehende Nischen, die durch eine säulengestützte Travertinplatte voneinander getrennt sind. Hierbei handelt es sich offenbar um das Tropaion (Siegesmal), das Gaios von Rom um das Jahr 200 erwähnt (vgl. S. 22 f.). Im 3. Jahrhundert wurde zunächst rechts, dann links dieses Monuments je ein Mäuerchen errichtet. Wenig später bekleidete man das Grabmal mit Marmor und schmückte den davor liegenden Boden mit weißen und grünen Mosaiksteinen. Das rechte der beiden Mäuerchen, die das Tropaion flankieren, versahen die Besucher im Laufe der folgenden Jahrzehnte mit unzähligen Graffiti. Als Kaiser Konstantin Anfang des 4. Jahrhunderts über der Grabanlage des Apostels die erste Peterskirche erbauen ließ, erhielt die Graffitimauer eine kubische Öffnung, die innen mit Marmor ausgekleidet wurde. In dieser Nische, die sorgfältig verschlossen war, fanden Archäologen bei den Ausgrabungen der Jahre 1940–1949 Skelettteile, die zunächst unbeachtet blieben. Erst eine spätere Untersuchung veranlasste die Archäologin Margareta Guarducci zu der Überzeugung, dass es sich hierbei um die Gebeine des Apostels Petrus handelt. Frau Guarduccis Interpretation der Untersuchungsergebnisse muss vorerst aber wohl noch Hypothese bleiben, weil sie der Wissenschaft ein weiteres Rätsel aufgibt; denn in der Lateranbasilika werden die Häupter der Apostel Petrus und Paulus verehrt, und unter den Skeletteilen aus der Marmornische der Peterskirche befinden sich ebenfalls Schädelfragmente.

(Die Ausgrabungen unter der Peterskirche können auf Antrag besichtigt werden, jedoch nur in kleinen Gruppen – größere Gruppen werden geteilt. Antragstellung an die *Fabbrica di San Pietro* im Palazzo della Canonica.)

Die Konstantinische Basilika

Kurz nach 320 wurde im Auftrag Kaiser Konstantins der Bau einer fünfschiffigen Basilika begonnen, die so ausgerichtet war, dass Petrusgrab und Tropaion eine zentrale Stelle einnahmen: in der Mitte des Querschiffes vor der nach Westen ausschwingenden Apsis. Das Tropaion umgab man mit drei marmorverkleideten Mauern, so dass eine zum Hauptschiff der Basilika hin geöffnete Zelle entstand, eine Memoria, in der man das Petrusgrab verehren konnte. Darüber wurde ein offener Baldachin angebracht, der auf vier gewundenen, mit Weinranken geschmückten Stützen ruhte. Zwei weitere dieser wertvollen Säulen kamen beidseitig der Memoria zu stehen. Als man Ende des 6. Jahrhunderts unter Papst Gregor dem Großen den Fußboden des Presbyteriums beträchtlich erhöhte, wurde die Memoria zwar überbaut, blieb aber weiterhin zugänglich; über ihr errichtete man einen Altar, vor dem die sechs spiralförmigen Säulen – um weitere sechs ergänzt – Aufstellung fanden. Sie sind heute noch erhalten; acht von ihnen flankieren die Loggien der vier Kuppelpfeiler in der Peterskirche. Bernini orientierte sich an ihnen bei der Gestaltung des Baldachins über dem Papstaltar.

Zurück zur Konstantinischen Basilika. Die Gesamtlänge der Anlage, die aus der Kirche, einem Atrium und einer Freitreppe bestand, betrug stattliche 243 m. Im Laufe der Jahrhunderte erhielt die Basilika eine reiche Ausstattung, die leider größtenteils verlorengegangen ist. Glücklicherweise waren einige besonders wertvolle Kunstwerke in den 1506 begonnenen Neubau übernommen worden: unter anderem die Bronzestatue des thronenden Petrus (Ende 13. Jh., Arnolfo di Cambio zugeschrieben), einige Grabmäler sowie Michelangelos Pietà und – wie schon erwähnt – die gewundenen Säulen.

Baugeschichte der neuen Peterskirche

Am Ende des Mittelalters war die Konstantinische Basilika so baufällig, dass eine Restaurierung nicht mehr für sinnvoll gehalten wurde. Nachdem der Papst aus Avignon zurückgekehrt war, strebte man außerdem die Errichtung eines prächtigen Monumentalbaus über dem Petrusgrab an, um dadurch der Bedeutung des Papstes als Nachfolger des Apostels neu Ausdruck zu geben.

Für einen Neubau setzte sich bereits Nicolaus V. (1447–1455) ein. In seinem Auftrag legte B. Rosselino – von Alberti inspiriert – einen Plan vor, von dem aber nur ein geringer Teil hinter der Apsis der Konstantinischen Basilika verwirklicht werden konnte. Erst unter Julius II. (1503–1513) wurde das Projekt mit der erforderlichen Entschiedenheit in Angriff genommen. Nachdem der westliche Teil der Konstantinischen Basilika niedergerissen war und der Papst im Jahre 1506 den Grundstein gelegt hatte, begann man nach den Plänen Bramantes mit der Errichtung der Kirche in Form eines kuppelüberwölbten Zentralbaus (vgl. S. 38). Wegen des Abrisses der alten Petersbasilika wurde Bramante von Spöttern als „Maestro ruinante“ (der zerstörende Meister) bezeichnet. Bis zum Tode des Architekten (1514) waren in der Hauptsache nur die Kuppelpfeiler mit den Gurtbögen vollendet. Der Bau war also erst so weit fortgeschritten, dass er noch zahlreiche Varianten zuließ und den Architekten der Folgezeit die nötige Freiheit ließ, eigene Vorstellungen zu verwirklichen. Unter den Nachfolgern Bramantes (Raffael, Peruzzi und Sangallo d. J.), die bisweilen auch Pläne mit basilikalem Langhaus vorlegten, machte das Projekt nur zögernd Fortschritte. Erst Michelangelo, der 1546 die Bauleitung übernahm, brachte den Bau zügig voran. Er griff zwar Bramantes Plan eines Zentralbaus auf, variierte ihn aber in Richtung auf eine größere Einheitlichkeit und barocke Großzügigkeit (vgl. S. 38 f.).

Unter Michelangelos Leitung wurden die Pfeiler verstärkt und drei Chorabschlüsse fertiggestellt. Die Kuppel wurde erst nach seinem Tod vollendet, jedoch nach Plänen Michelangelos. Die Gestaltung des nicht fertiggestellten Ostabschlusses blieb Gegenstand immer wieder neu einsetzender Diskussionen. Schließlich setzte sich unter Paul V. (1605–1621) das Konzept durch, dem Zentralbau nach Osten hin ein dreischiffiges Langhaus vorzulagern. Zu Beginn des 17. Jahrhunderts verwirklichte C. Maderna dieses Projekt und schuf auch die mächtige Fassade, die architektonisch mit Michelangelos Kuppel in Konkurrenz tritt: Den Herannahenden verdeckt die Fassade mehr und mehr den Blick auf die Kuppel. Am 18. November 1626 (1300 Jahre nach der Weihe der Konstantinischen Basilika) weihte Urban VIII. die neue Peterskirche, an der man nun 120 Jahre lang gebaut hatte. In der Folgezeit wurde allmählich die prächtige Ausstattung des Innenraums vervollständigt. Von allem, was später noch hinzu kam, trägt Berninis Baldachin über dem Papstaltar (1626–1633) sicherlich am meisten zur Steigerung des Gesamteindrucks bei.

Der Petersplatz

In den Jahren 1657 bis 1667 folgte unter Alexander VII. (1655–1667) die Gestaltung der Platzanlage. Dem mit diesem Projekt beauftragten Lorenzo Bernini stellte sich eine schwierige Aufgabe: Unter Einbeziehung des bereits aufgestellten Obelisken und der schon fertiggestellten Fassade sollte er einen Platz anlegen, der die großen Menschenmassen aufnehmen konnte, die sich bei besonderen Anlässen zum Empfang des Papstsegens Urbi et Orbi versammelten. Weil dieser von der Loggia über dem Hauptportal der Peterskirche gespendet wird, musste der Platz auf die Fassade hin orientiert werden. Der Künstler hat die ihm gestellte Aufgabe genial gelöst:

An eine trapezförmige, der Fassade vorgelagerte Fläche schloss Bernini eine quergelegte Ellipse an. Zwei hohe Fontänen markieren die Querachse, deren Mittelpunkt bildet der Obelisk. Neben den Fontänen bezeichnen zwei in den Boden eingelassene Platten die Brennpunkte der Ellipse. Dieser Platzteil wird an beiden Seiten durch Kolonnaden begrenzt, die aus insgesamt 284 Säulen und 88 Pfeilern gebildet sind. Wer von den Brennpunkten aus auf die Kolonnaden schaut, hat den Eindruck einer einzigen Säulenreihe, weil die vorderen Säulen die hinteren verdecken.

Die ausschwingenden Kolonnaden wirken wie Arme, die die herannahenden Menschen begrüßend empfangen. Die Bewegung zielt auf die Fassade hin, die Orientierung wird durch die Achse gegeben, die vom Obelisken zum Mittelportal und somit zur Benediktionsloggia führt. Die Fassade liegt erhöht, und der ihr vorgelagerte trapezförmige Platz mit den Statuen der Apostel Petrus und Paulus steigt langsam bühnenartig an. Damit erfährt die Fassade innerhalb des Platzgefüges nochmals eine optische Steigerung. Sie ist mit Skulpturen geschmückt, die Christus (in der Mitte), Johannes den Täufer und die Apostel (außer Petrus) darstellen. Ihnen schließen sich auf den Seitentrakten des Platzes und auf den Kolonnaden die Statuen der Heiligen an. Insgesamt ist die Platzanlage von 141 Figuren umgeben. Christus mit den Aposteln und den anderen Heiligen bildet die himmlische Gemeinschaft, in die sich die auf dem Petersplatz versammelten Menschen einreihen.

Die Kolonnaden und die Fassade wurden zum Heiligen Jahr 2000 gründlich restauriert. Diese 1999 vollendete aufwendige Restaurierung gab beiden die ursprüngliche Helligkeit zurück.

Hinter der Fassade erstreckt sich zunächst eine die gesamte Breite einnehmende, hohe *Vorhalle*; an der rechten Schmalseite befindet sich das Reiterdenkmal Konstantins des Großen, ein Werk Berninis (b), und an der gegenüberliegenden Wand erhebt sich das Reiterstandbild Karls des Großen, das Cornacchini 1725 schuf (a). Die beiden christlichen Kaiser bewachen gleichsam die Petersbasilika. Neben dem Standbild Konstantins des Großen beginnt die Scala Regia (c); über dem Eingangsbogen dieser Treppe, die zu den päpstlichen Räumen führt (nicht zugänglich), ist – von Posaune blasenden Engeln gehalten – das Wappen Alexanders VII. (1655–1676) angebracht. Unter seinem Pontifikat wurde die Scala Regia von Bernini geschaffen. Von der Vorhalle führen fünf Portale ins Innere der Kirche. Das rechte, die Porta Sancta (Heilige Pforte) (d), ist vermauert und wird nur zum Heiligen Jahr geöffnet. Die Bronzetüren des mittleren Portals (e) stammen aus der alten Peterskirche (der Konstantinischen Basilika); sie waren in den Jahren 1433 bis 1445 von Filarete im Auftrag Eugens IV. geschaffen worden. Dieser Papst ist in einer Relieftafel der Portaltüren dargestellt: Er nimmt vom Apostel Petrus die Schlüssel entgegen.

Wer zum ersten Male die Peterskirche betritt, ist von ihrer Monumentalität überwältigt. Es empfiehlt sich, einige Zeit inne zu halten, um sich an die Größe des Raumes zu gewöhnen, aber auch um die ausgewogenen Proportionen bewundern zu können. Der Blick schweift durch das etwa 180 m lange Hauptschiff zur Vierung, die durch die Fenster des Kuppeltambours hell erleuchtet ist. Dort erhebt sich Berninis Bronzebaldachin über dem Papstaltar. Der Blick führt weiter bis zum westlichen Chorabschluss mit dem ovalen Fenster, in dem der Heilige Geist in Gestalt einer Taube dargestellt ist. In den Marmorboden des Langhauses sind Platten

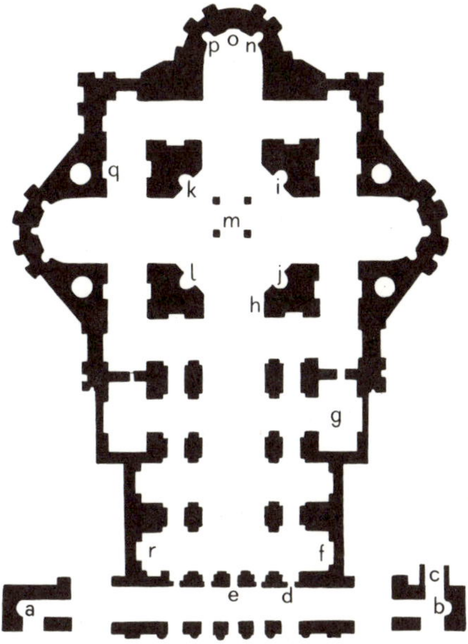

Ausstattung der Peterskirche:
a Reiterstandbild Karls des Großen, **b** Reiterstandbild Konstantins des Großen, **c** Scala Regia, **d** Porta Sancta, **e** Portal mit Bronzetüren Filaretes, **f** Michelangelos Pietà, **g** Sakramentskapelle, **h** Bronzefigur des thronenden Petrus, **i** Helenastatue, **j** Longinusstatue, **k** Veronikastatue, **l** Andreasstatue, **m** Papstaltar mit der Confessio und dem Bronzebaldachin Berninis, **n** Grabmal Urbans VIII., **o** Cathedra-Altar, **p** Grabmal Pauls III., **q** Grabmal Alexanders VII., **r** Taufkapelle.

eingelassen, die die Länge großer Kirchen angeben (die Länge entspricht jeweils dem Abstand von der Platte zum westlichen Chorabschluss).

Die Peterkirche enthält viele Grabmonumente und Denkmäler bedeutender Personen, darunter zahlreicher Päpste. Bei der Fülle der Kunstwerke und Gedenkstätten können bei einem einmaligen Rundgang nicht alle Einzelheiten berücksichtigt werden. Deswegen wird die Ausstattung der Basilika hier nur in groben Zügen vorgestellt.

Gleich rechts vom Eingang befindet sich in einer Seitenkapelle (f) die berühmte *Pietà von Michelangelo* (1500 fertiggestellt), die schon in der alten Peterskirche aufgestellt war. Die Signatur des Künstlers ist auf dem Band zu erkennen, das Maria über der Brust trägt. Dargestellt ist der Augenblick, als Jesu Mutter ihren vom Kreuz abgenommenen Sohn auf dem Schoß hält. Ihre reiche Gewandung steht im Kontrast zu dem nackten Leichnam. Marias rechte Hand stützt den leblosen Oberkörper, während ihre ausgestreckte Linke zum Mitgefühl einlädt (pietà *[ital.]* = Mitleid, Mitgefühl). Aus ihrem jugendlichen Gesicht spricht ein Ausdruck gefasster Ergebenheit, nicht die fassungslose Klage.

Der Rundgang führt durch das rechte Seitenschiff zur *Sakramentskapelle (g);* über dem Altar ein von Engeln flankierter Tabernakel in Form eines Rundtempels, gestaltet nach den Plänen Berninis (1674); darüber ein Gemälde der Heiligen Dreifaltigkeit von Pietro da Cortona. Die Sakramentskapelle ist der Andacht vorbehalten und sollte nur schweigend betreten werden.

Nachdem man das Seitenschiff durchschritten hat, weitet sich der Raum zur *Vierung.* Vier mächtige Pfeiler tragen die Kuppel, deren innere Schale mit Mosaiken geschmückt ist. Der Tambour, auf dem die Kuppel aufgesetzt ist, enthält 16 Fenster, durch die Licht in die Vierung flutet. Unter dem Tambour verläuft das goldene Spruchband mit der Inschrift „TU ES PETRUS …“ (Zu dem Schriftzitat „Du bist Petrus“ vgl. S. 24.) Am (vom Eingang aus betrachtet) ersten rechten Pfeiler befindet sich die *Bronzefigur des thronenden Petrus (h).* Sie ist nach dem Vorbild einer antiken Sitzskulptur entstanden und wird Arnolfo di Cambio zugeschrieben (spätes 13. Jh.). Sie stammt noch aus der alten Peterskirche. Einer der Füße weist eine starke Abnutzung durch Berühren und Küssen auf. Am 29. Juni, dem Fest Petrus und Paulus, wird die Apostelfigur mit Tiara und kostbaren Gewändern bekleidet.

Die in den großen Nischen der Kuppelpfeiler stehenden Statuen nehmen auf Reliquien Bezug, die der Peterskirche zur Aufbewahrung anvertraut wurden. Die *heilige Helena (i)* mit dem Kreuz weist auf Kreuzreliquien hin, die in der Basilika aufbewahrt werden. Die Skulptur des *Longinus (j)* mit der Lanze, die er dem Gekreuzigten in die Seite stieß, stammt von Bernini und erinnert an die Reliquie der heiligen Lanze, die Papst Innozenz VIII. (1484–1492) als Geschenk erhielt. Die Schweißtuchreliquie wird durch die Figur der *Veronika (k)* repräsentiert. Und schließlich weist der *heilige Andreas (l)* – mit dem charakteristischen Kreuz – auf die Schädelreliquie dieses Apostels hin. (Die Gebeine des Apostels Andreas befanden sich seit dem 4. Jh. in Konstantinopel und wurden 1208 nach Amalfi in Italien verschleppt; 1452 wurde das Haupt des Andreas vor dem Ansturm der Türken nach Rom in Sicherheit gebracht; 1964 ließ Paul VI. es dem Patriarchen von Konstantinopel als Zeichen der Versöhnung zurückbringen.) Über den Nischen öffnet sich je eine Loggia, zu deren Gestaltung die gewundenen Säulen aus der Konstantinischen Basilika wiederverwendet wurden.

Das Zentrum der Vierung nimmt der *Papstaltar (m)* ein, für den Bernini in den Jahren 1624 bis 1633 den *Bronzebaldachin* schuf. Die erwähnten gewundenen Säulen der alten Basilika dienten ihm hierzu als Vorbild. Mit seinem geschwungenen oberen Abschluss, der Weltkugel und Kreuz stützt, stellt der Baldachin eine Schöpfung großer Leichtigkeit und Bewegtheit dar. Die Bronze des etwa 29 m hohen Meisterwerks stammt vom Schmuck des Pantheon. Weil der Künstler im Auftrag des Barberini-Papstes Urban VIII. arbeitete, sagten eifrige Spötter: „Quod non fecerunt barbari, fecerunt Barberini" (was die Barbaren nicht fertigbrachten, taten die Barberini).

Vor dem Vierungsaltar erstreckt sich die *Confessio*. Die beiden hinunter führenden Treppen umschwingen eine Statue, die Papst Pius VI. in kniend anbetender Haltung zeigt; sie ist ein Werk Canovas, der von 1757 bis 1822 lebte und als der bedeutendste italienische Bildhauer des Klassizismus gilt. Unter dem Papstaltar öffnet sich zwischen zwei Skulpturen, die die Apostel Petrus und Paulus darstellen, eine Nische. Hinter dieser Zelle wurde bei den Ausgrabungen der Jahre 1940–1949 das Tropaion gefunden (jetzt nicht sichtbar), unter dem das Petrusgrab liegt (vgl. S. 110 f.). Somit stünde der Papstaltar genau über dem Grab des Apostels. In der Nische befindet sich ein kleiner Schrein, in dem die Pallien aufbewahrt werden. Das Pallium ist ein weißes wollenes Band, mit sechs schwarzen Kreuzen geschmückt, das der Papst und Erzbischöfe bei liturgischen Feiern über den Schultern tragen. Der Papst verleiht es als Zeichen der Verbundenheit zwischen dem Petrusamt und den Erzbischöfen.

Nach dem Durchschreiten der Vierung wird der Blick frei auf die Westapsis mit dem großartigen *Cathedra-Altar (o),* den Bernini im Auftrag Alexanders VII. (Papst von 1655 bis 1667) schuf. Er besteht aus teilweise vergoldeter Bronze. Dass man dem Sitz des heiligen Petrus besondere Verehrung zukommen lässt, hat seinen Ursprung in der Antike: Damals war die Cathedra der Stuhl, von dem aus ein Lehrer sein Amt ausübte. In diesem Sinne ist der Cathedra-Altar das besondere Symbol für das Lehramt des Apostels. Dargestellt sind vier Kirchenlehrer: die beiden vorderen, Ambrosius und Augustinus, repräsentieren die lateinische Kirche, die rückwärtigen, Athanasius und Johannes Chrysostomos, die griechische. Ihre Gesten weisen auf die zwischen ihnen schwebende Cathedra hin. Diese umhüllt einen im Mittelalter für Karl den Kahlen geschaffenen Thron, der irrtümlich für den Sitz des heiligen Petrus gehalten wurde (nicht sichtbar). Die darüber sich entfaltenden Wolken und schwebenden Engel umgeben ein ovales Fenster, das den Heiligen Geist in Gestalt einer Taube darstellt: ein Hinweis darauf, dass die Lehre des Apostels vom Geist Gottes getragen ist.

Zu beiden Seiten des Cathedra-Altars befindet sich in von Säulen flankierten Nischen je ein monumentales Papstgrab: links das von Gulgielmo della Porta geschaffene *Denkmal Pauls III. (p),* der 1548 die Bauleitung der Peterskirche Michelangelo übertragen hatte, rechts das von Bernini entworfene *Monument Urbans VIII. (n),* der 1626 die vollendete Kirche geweiht hatte. Beide Grabmäler entsprechen sich in der Verwendung der Materialien (Bronze und Marmor) und in der pyramidalen Form: Der Papst thront jeweils in segnender Haltung über dem Sarkophag, der von allegorischen Gestalten flankiert ist. Die Gleichheit der Form trägt zum symmetrischen Bild des Chorabschlusses bei. Unterschiedlich sind die beiden Grabmäler jedoch im Ausdruck: Während die Gedächtnisstätte Pauls III. noch das Ruhe- und Harmoniebestreben der Renaissance zeigt, ist das Denkmal Urbans VIII. ganz von der Bewegtheit und dem Überschwang des Barock geprägt.

Der Weg vom Chorabschluss zum linken Seitenschiff führt am *Grabmal Alexanders VII. (q)* vorbei, nach Entwürfen Berninis vorwiegend von seinen Schülern ausgeführt. In diesem Spätwerk des Künstlers ist der Verstorbene nicht – wie in Berninis früher entstandenem Grabmal Urbans VIII. – thronend, segnend und mit der Tiara gekrönt dargestellt, sondern barhäuptig und kniend mit gefalteten Händen. Zu den allegorischen Gestalten, die den Sarkophag umgeben, gesellt sich der Tod: Unter einem schweren Tuch (kunstvoll aus Marmor gestaltet) steigt des bronzene Skelett hervor und zeigt eine Sanduhr zum Zeichen dafür, dass das diesseitige Leben mit all seiner irdischen Macht, mit Reichtum und Pracht vergänglich ist. Im Bewusstsein, dass auch seine Zeit auf Erden einmal abgelaufen sein wird, ist der Papst niedergekniet, hat seine Tiara abgelegt und betet zum ewigen Gott.

Der Rundgang mündet ins linke Seitenschiff; sehenswert ist hier das *Baptisterium* (letzte Kapelle vor dem Portal). Den Mittelpunkt nimmt ein schöner Taufbrunnen *(r)* ein, der aus

Porphyr und Bronze besteht und nach Entwürfen Carlo Fontanas gestaltet wurde; der Künstler verwendete für das Becken ein antikes Ausstattungsstück.

Wer noch Zeit und Ausdauer hat, sollte sich zwei zusätzliche Eindrücke nicht entgehen lassen: den Besuch der *Grotten unter der Basilika* und den *Blick von der Kuppel.* In einem der mächtigen Vierungspfeiler führt eine Treppe hinunter zu den Grotten. Der Boden der heutigen Kirche liegt höher als der der Konstantinischen Basilika; in dem Zwischenraum verzweigen sich Gänge und Räume: die „Grotte Vaticane". Hier befinden sich zahlreiche Papstgräber, insbesondere auch solche aus neuester Zeit: Pius XII., Johannes XXIII., Paul VI. und Johannes Paul I. sind hier beigesetzt. In den Grotten sind viele Ausstattungsstücke der alten Peterskirche zu sehen, die den Abbruch des Baues überstanden haben.

Im linken Seitenschiff befindet sich der Zugang zum Fahrstuhl und zur Treppe, die zunächst auf das Dach der Basilika führen. Der weitere Aufstieg über enge, steile Treppen zur Laterne der Kuppel erfordert einige Anstrengung, die aber mit dem weiten Blick über die Stadt reichlich belohnt wird. Die Kuppelspitze (mit Kreuz und Kugel) ist die höchste Stelle der Peterskirche, ca. 136 m über dem Bodenniveau.

Umgebung von San Pietro

Als erstes sind die *Vatikanischen Museen* zu nennen; ihnen ist ein eigenes Kapitel gewidmet (vgl. S. 125 ff.).

Es lohnt sich aber auch ein Besuch des *Campo Santo Teutonico.* Er liegt südlich der Peterskirche und ist durch einen Bogen links der Fassade erreichbar. Gewöhnlich lassen die Schweizer Gardisten die Besucherinnen und Besucher passieren, wenn sie deutlich machen, dass sie zum Deutschen Friedhof möchten. Ein päpstliches Dokument von 1455 nennt bereits eine Armenherberge, die einige Deutsche neben dem CAMPUS SANCTUS gestiftet hatten. Diese Stiftung war einer Bruderschaft anvertraut, deren Mitglieder deutscher und flämischer Herkunft waren. Sie hatte die Aufgabe, arme Landsleute – vor allem Pilgerinnen und Pilger – zu beherbergen und im Krankheitsfall zu pflegen. Deutschsprachige, die in Rom starben, hatten das Recht, auf dem Campo Santo beigesetzt zu werden. Die Aufgaben der Stiftung haben sich im Laufe der Jahrhunderte gewandelt und umfassen heute die Sorge für die kleine Kirche Santa Maria della Pietà di Campo Santo (erbaut 1445–1501), für ein 1876 gegründetes Kolleg, in dem deutschsprachige Priester Kirchengeschichte und christliche Archäologie studieren, und für den angrenzenden deutschen Friedhof. Außerdem beherbergt das Gebäude das römische Institut der Görres-Gesellschaft. In der Kirche (im August geschlossen) wird sonntags in deutscher Sprache die Heilige Messe gefeiert. Unter den auf dem Campo Santo beigesetzten Persönlichkeiten sind zu erwähnen: der Schriftsteller Stefan Andres (1906–1970), der Archäologe Ludwig Curtius (1874–1954) sowie der Jesuit Engelbert Kirschbaum (1902–1970), der maßgeblich an den Ausgrabungen (1940–1949) unter der Peterskirche beteiligt war. Der älteste noch vorhandene Grabstein stammt aus dem Jahr 1464 und ist einer Adligen aus Lüttich gewidmet. (Adresse des Campo Santo siehe im *Anschriftenverzeichnis* am Ende dieses Buches.)

Hinter dem Campo Santo Teutonico liegt die *Aula Paolo VI.*, die Audienzhalle, ein Werk des italienischen Architekten Pier Luigi Nervi, der unter anderem durch die Planung der Sportanlagen für die Olympischen Spiele Rom 1960 zu Ansehen gekommen war. Papst Paul VI. ließ die Audienzhalle errichten, damit die wöchentlichen Generalaudienzen nicht mehr in der Peterskirche stattfinden mussten, wo sie durch den Besucherbetrieb gestört wurden. Der Zugang zur Aula geht von der Piazza del Sant'Uffizio aus. Karten für die Generalaudienz sind erhältlich im Ufficio Informazioni auf dem Petersplatz oder im Deutschen Pilgerbüro bei Santa Maria dell'Anima (Adressen siehe *Anschriftenverzeichnis*). Dort kann man sich außerdem zum Besuch der *Vatikanischen Gärten* anmelden, die seit einigen Jahren den Besuchern zugänglich sind, wenn auch nur nach Anmeldung.

Wer noch ausreichend Zeit hat, wird den kurzen Abstecher zum *Castel Sant'Angelo*, der Engelsburg, nicht scheuen. Das Gebäude ließ Kaiser Hadrian in den dreißiger Jahren des 2. Jahrhunderts als Begräbnisstätte für sich und seine Nachfolger errichten. Später diente es – einbezogen in die Aurelianische Mauer – als Brückenkopf zur Sicherung Roms. 590 wurde die Anlage unter den Schutz des Erzengels Michael gestellt. (Die jetzt auf der Spitze angebrachte Statue des Erzengels schuf im 18. Jh. der flämische Künstler Pieter-Antoon van Verschaffelt.) Seit dem 10. Jahrhundert diente die Bastion zusätzlich als Kerker. Giordano Bruno (vgl. S. 144 f.) war einer der prominenten Gefangenen. Im 15. Jahrhundert bauten Nicolaus V. und Alexander VI. die Engelsburg zu einer Festung aus, in der die Päpste sich bei Angriffen in Sicherheit bringen konnten. Ein überdachter Fluchtgang verband den Vatikanischen Palast mit dem Kastell. Er besteht heute noch und verläuft entlang der Via dei Corridori und dem Borgo Sant'Angelo. Die Engelsburg beherbergt ein Museum, das außer den für die Päpste hergerichteten Räumen auch militärische Ausstellungsstücke zeigt und über die geschichtliche Entwicklung der Festung Aufschluss gibt.

Von der Engelsburg zur Stadt hin führt der *Ponte Sant'Angelo*, die Engelsbrücke. Kaiser Hadrian ließ sie als Zugang zu seinem Mausoleum erbauen. Im 17. Jahrhundert wurde sie nach Entwürfen Berninis mit Engelstatuen geschmückt, die in ihren Händen Gegenstände der Passion Christi halten. Die Brücke ist für den Autoverkehr gesperrt und bietet so die Gelegenheit, in Ruhe zu schlendern und den Blick auf die Engelsburg, auf den Tiber und hinüber zur Kuppel der Peterskirche zu genießen. Sie gilt als die schönste Brücke Roms.

Die Vatikanischen Museen

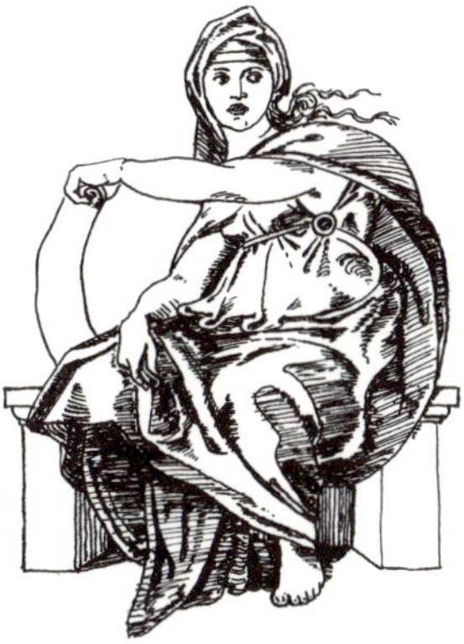

Eine Sybille aus dem Deckenfresko der Sixtinischen Kapelle

- *Die Cappella Nicolo V.*
- *Raffaels Stanza della Segnatura*
- *Die Cappella Sistina*
- *Das Museo Pio Clementino*

Die Vatikanischen Museen umfassen große Teile des Vatikanischen Palastes, außerdem eigens als Museen errichtete Gebäude, sowie die Bibliothek und die Pinakothek. Es ist unmöglich, den gesamten Museumsschatz in nur einem Rundgang zu besichtigen. Die Fülle der Ausstellungsstücke und der sehenswerten Fresken kann niemand an einem einzigen Tag bewältigen. Um nicht in Hektik zu geraten, empfiehlt es sich, eine Auswahl zu treffen und diese wirklich in Ruhe auf sich wirken zu lassen. Die hier folgenden Ausführungen beschränken sich mit Bedacht auf das, was bei einem zeitlich begrenzten Romaufenthalt in erster Linie interessieren dürfte.

Die Cappella Nicolo V.

Im Kapitel „Renaissance und Barock" wurde die Kapelle des Papstes Nicolaus V. bereits erwähnt (vgl. S. 36 ff.). Fra Angelico schmückte sie mit Fresken, die dem Leben zweier Heiliger gewidmet sind: der Diakone Stephanus und Laurentius.

Die obere Reihe – in den Lünetten – vergegenwärtigt Szenen aus dem Leben des heiligen Stephanus. Die Apostelgeschichte berichtet, dass die Apostel sieben Männern den Dienst für die Armen anvertrauten; zu diesen ersten Diakonen gehörte Stephanus, der sich durch seine rednerische Begabung auszeichnete. Im Streit mit Synagogenmitgliedern musste er sich vor dem Hohen Rat verantworten und wurde zu Tode gesteinigt (Apg 6, 1–7.60). Die Lünettenbilder enthalten je zwei Szenen. Das erste Fresko zeigt auf der linken Seite den Innenraum einer Basilika, in der die Diakonenweihe stattfindet: Petrus überreicht Stephanus einen Kelch. Rechts tritt der Heilige vor die Kirche und verteilt Almosen an Bedürftige. Auf der linken Hälfte des nächsten Bildes predigt er in der Stadt; die rechte Seite gibt den Blick in einen Innenraum frei, wo Stephanus vor dem Hohen Rat spricht. Die dritte Lünette schließlich ist durch eine Stadtmauer in zwei Hälften geteilt: Von links stoßen wütende Männer den Heiligen durch das Stadttor hinaus; draußen wird er gesteinigt.

Unterhalb der Lünettenbilder zeigen rechteckige Freskenfelder das Leben des heiligen Laurentius (über sein Leben vgl. S. 99). Im ersten Bild empfängt er die Diakonenweihe; Papst Sixtus II. überreicht ihm den Kelch. Das nächste Bild ist in zwei Felder unterteilt: Auf dem linken Feld erhält Laurentius vom Papst den Kirchenschatz, den er auf der rechten Bildhälfte an Arme, Kranke und Behinderte verteilt. Auf dem dritten Fresko steht Laurentius links als Gefangener vor dem Kaiser, rechts erleidet er den Märtyrertod durch Verbrennen auf einem Rost.

Die malerische Ausstattung der Cappella Nicolo V. ist ein wunderbares Beispiel für die klare, helle und lautere Malweise des Fra Angelico. Sie gilt als ein Werk, das auf dem Höhepunkt seines Schaffens entstand. Fra Angelico drückt seinen eigenen Glauben in den dargestellten Personen aus. Es ist sein bleibendes Glaubenszeugnis.

Raffaels Stanza della Segnatura

Papst Julius II. beauftragte Raffael mit der Ausmalung der päpstlichen Gemächer, der Stanzen. Der Künstler schuf das Bildprogramm in drei Räumen (Stanza dell'Incendio, Stanza della Segnatura, Stanza di Eliodoro). Ein weiterer Saal, die Sala di Costantino, wurde nach Raffaels Tod von seinen Schülern ausgemalt, wobei sie Entwürfe ihres Lehrers zugrunde legten.

Raffael begann 1508, kurz nach seiner Ankunft in Rom, mit der Arbeit in der Stanza della Segnatura, die hier wegen ihrer Bedeutung für die Kunst der Renaissance ausführlicher beschrieben wird. Das *Bildprogramm* ist der Theologie, der Philosophie, der Rechtsprechung und den Künsten gewidmet.

Die Künste: Sie werden repräsentiert durch die Poesie, die unter dem Titel „der Parnass" dargestellt ist. Auf dem Gipfel dieses Berges sitzt Apollo, die Lyra spielend, von den neun Musen umgeben. Rechts und links von dieser Mittelgruppe befinden sich antike und zeitgenössische Poeten im Gespräch miteinander: Die Renaissance knüpft an die antike Dichtkunst an. Gut zu erkennen sind oben links Dante mit seinem charakteristischen Seitenprofil und neben ihm der blinde Dichter Homer.

Die Rechtsprechung: Das Fenster, das dem „Parnass“ gegenüberliegt, ist von zwei Darstellungen juristischer Bedeutung flankiert. Ihnen liegen zwei historische Ereignisse zugrunde: Der byzantinische Kaiser Justinian I. erließ in der ersten Hälfte des 6. Jahrhunderts den Corpus Iuris Civilis, das Zivilrecht, das er unter Mitwirkung des Quaestors Tribonian erarbeitet hatte. Der spanische Dominikaner Raimund von Peñaforte verfasste im Auftrag Gregors IV. die päpstlichen Rechtsvorschriften (Dekretalien), die 1234 veröffentlicht wurden. Diese Bilder symbolisieren somit des weltliche und das kirchliche Recht. (Die Fresken sind wahrscheinlich nicht von Raffael selbst.) Die Tugend Gerechtigkeit, der diese beiden Fresken gewidmet sind, wird in dem Bild, das sich darüber befindet, um die Allegorien der drei anderen Kardinaltugenden ergänzt: Links symbolisiert eine Frau, neben der ein Löwenkopf zu sehen ist, die Kraft; die mittlere Person, in einen Spiegel schauend, besitzt den Januskopf mit den zwei Gesichtern und stellt die Klugheit dar, während die rechte mit dem Zaumzeug in ihren Händen auf die Mäßigung hinweist.

Die Philosophie: Sie ist durch das unter dem Titel „Schule von Athen“ bekannte Fresko repräsentiert. Unter einer antiken Architektur – das kassettierte Gewölbe ist der Konstantinsbasilika (vgl. S. 56) entlehnt – bilden zwei bedeutende griechische Philosophen die Mitte: Platon weist mit einem Finger hinauf in das Reich der Ideen, während Aristoteles, der seine Erkenntnis aus der Natur gewinnt, die Hand der Erde entgegenstreckt. Halbkreisförmig sind sie von Philosophen verschiedener Epochen umgeben. Vorne rechts schart sich eine Gruppe um Euklid, der eine geometrische Figur auf den Boden zeichnet; zum Bildrand hin schließen sich weitere Personen an, unter ihnen auch Raffael, der als Selbstporträt aus dem Bild herausblickt (zweiter von rechts). Links vorne ist ein weiterer Mathematiker abgebildet: Pythagoras, ebenfalls von interessierten Personen umgeben.

Die Theologie: Das gegenüberliegende Fresko ist der Theologie gewidmet. Der Bildtitel „Disputa" ist missverständlich, denn es geht nicht um ein Streitgespräch (= [*ital.*] disputa), sondern um die Verherrlichung der Kirche, die hier durch ihre zwei Teile – den himmlischen und den irdischen Teil – dargestellt ist; diese beiden Bereiche werden verbunden durch die Eucharistie: Auf dem Altar wird in der Monstranz der Leib Christi in Gestalt der Hostie verehrt. Im himmlischen Teil thront Christus, flankiert von seiner Mutter Maria und von Johannes dem Täufer. Über ihnen segnet Gottvater, der die Weltkugel in der Hand hält. Auf beiden Seiten haben Heilige und Propheten Platz genommen und bilden einen nach vorne geöffneten Halbkreis. Die irdische Kirche ist vertreten durch die Heiligen und durch Zeitgenossen Raffaels, die sich teils diskutierend, teils anbetend um den Altar scharen. Auf diesen schwebt der Heilige Geist in Gestalt einer Taube herab.

Die *Deckengemälde* stammen nicht von Raffael, sondern von Sodoma; die allegorischen Frauengestalten greifen jeweils das Thema des darunter liegenden Wandfreskos auf. Über der „Disputa" thront die Theologie. Die Farben ihrer Kleidung beziehen sich auf die drei göttlichen Tugenden: Glaube (weiß), Hoffnung (grün), Liebe (rot). Dem „Parnass" ist die Kunst zugeordnet, erkennbar an der Harfe in ihrer linken und dem Buch in ihrer rechten Hand. Die „Schule von Athen" wird mit der Philosophie in Beziehung gesetzt, deren Kleidung die vier Elemente symbolisiert: Luft (blau), Feuer (hellrot), Wasser (türkisgrün), Erde (braun). Die letzte allegorische Gestalt vergegenwärtigt die Gerechtigkeit, Waage und Schwert in ihren Händen haltend.

Die Cappella Sistina

Die nach ihrem Erbauer Papst Sixtus IV. benannte Sixtinische Kapelle ist die päpstliche Hauskapelle, wird als solche aber nur selten benutzt. Zur Papstwahl kommt hier das Konklave zusammen, die Versammlung der wahlberechtigten Kardinäle.

Die Wandflächen: Die Cappella Sistina wurde in Zeitabschnitten von verschiedenen Künstlern mit Fresken geschmückt. Zur Zeit des Erbauers malten Pietro Perugino, Sandro Botticelli, Domenico Ghirlandaio, Luca Signorelli und Cosimo Rosselli mit ihren Mitarbeitern die mittlere Zone der Wandflächen: Den Darstellungen der Moses-Geschichte (linke Seite beim Blick zum Altar) sind Szenen aus dem Leben Jesu (rechte Seite) gegenübergestellt. Die darüber liegende Zone enthält zwischen den Fenstern 28 Papstportraits von Domenico Ghirlandaio, Cosimo Rosselli, Fra Diamante und Sandro Botticelli.

Die Decke: 1508 beauftragte Julius II. Michelangelo mit der Ausmalung der Decke, die bis dahin nur mit goldenen Sternen auf blauem Grund verziert war. Das flache Gewölbe mit den Zwickeln über den Fenstern stellte den Künstler vor eine schwierige Aufgabe, für die er eine meisterhafte Lösung lieferte, obschon Michelangelo bis dahin nur als Bildhauer, nicht als Maler berühmt gewesen war. Die dargestellten Szenen und Personen werden in eine illusionistisch gemalte Architektur eingebunden. Die großen rechteckigen Bilder des breiten Mittelstreifens sind umrahmt von Gestalten: In den Dreiecksfeldern zwischen den Fenstern sind es Propheten und Sibyllen, in den Zwickeln Familien, die die Vorfahren Jesu darstellen. Die Rechteckfelder selber zeigen Szenen aus der Genesis. Über dem Altar beginnend: (1) Gott erschafft das Licht, (2) Gott erschafft Sonne und Mond, (3) Gott scheidet das Wasser vom Land, (4) Erschaffung Adams, (5) Erschaffung Evas, (6) Sündenfall und Vertreibung aus dem Paradies, (7) das Opfer Noahs, (8) die Sintflut, (9) die Trunkenheit Noahs.

Die Altarwand: Die Freskierung der Decke war 1512 beendet. Gut 20 Jahre später (1534) erhielt Michelangelo von Clemens VII. den Auftrag für die Altarwand, mit dem er 1535 unter dem nachfolgenden Papst, Paul III. (1534–1549), begann. 1541 waren die Arbeiten fertig gestellt. Dieses, die gesamte Wand überspannende Fresko, für das Bilder aus Peruginos Moses- und Jesus-Zyklus weichen mussten, zeigt das Jüngste Gericht. Die Darstellung ist von einer einzigen Bewegung bestimmt, der alle anderen untergeordnet sind. Der Bewegungsstrom beginnt links unten, wo die Verstorbenen aus den Gräbern auferweckt werden und wie durch einen Sog zur Gruppe der Heiligen hinaufsteigen, die sich oberhalb der Bildmitte um Christus versammeln. Christus führt durch seine erhobene Hand, die er jeden Moment nach rechts unten zu schmettern scheint, und durch seine nach rechts sich drehenden Hüften die zentrale Bewegung weiter: Während sich die Guten in die Schar der Heiligen einreihen dürfen, werden die Verdammten in die ewige Hölle verstoßen; schrecklich anzuschauen sind die Verzweifelten im rechten unteren Bildfeld. Fast alle Personen sind nackt dargestellt: Beim Jüngsten Gericht gilt nur noch der Mensch; nichts anderes als nur sich selbst kann er vorweisen – keinen Besitz mehr, kein Ansehen, keinen Machtanspruch. So tritt der Mensch vor den göttlichen Richter, dessen Machtausübung Michelangelo in einzigartiger Eindringlichkeit und Dynamik ins Bild bringt. War die Renaissance noch eine Epoche, deren Kunstwerke Harmonie, Ausgleich, Ruhe und Schönheit ausdrückten, so sind in Michelangelos Jüngstem Gericht bereits die Erschütterungen verarbeitet, die Roms Bevölkerung im Sacco di Roma erfahren hatte, dem Eindringen kaiserlicher Truppen 1527 in die Tiberstadt: Das Weltbild war ins Wanken geraten, die irdischen Werte in Frage gestellt; der Blick auf das Ende aller Dinge öffnete sich unwillkürlich. So wurde das Jüngste Gericht einerseits zur gefürchteten Vision, andererseits aber zum Hoffnungsträger für den Sieg des Guten bei der Vollendung der Welt.

Bevor der Besucher die Sixtinische Kapelle verlässt, sei ihm geraten, noch einen Blick auf ihre Ausstattung als Gesamtkunstwerk zu werfen. Sie führt uns die ganze Heilsgeschichte vor Augen: von der Erschaffung Adams und der Welt über den Sündenfall, die Sintflut, über die Rettung des Volkes Israel durch Moses und die Erlösung der Menschheit durch Christus bis zum Gericht am Ende der Zeiten.

Das Museo Pio Clementino

Den Abschluss unseres Museumsbesuches bildet das Museo Pio Clementino (nach dem Hauptzugang der Vatikanischen Museen links halten). Innozenz VIII. hatte nördlich der unter Nicolaus V. entstandenen päpstlichen Gebäude eine Sommerresidenz errichten lassen, den Belvedere-Palast. Julius II. stellte hier die bedeutendsten der damals wiederentdeckten antiken Skulpturen auf, insbesondere den Laokoon. Die in der darauffolgenden Zeit gefundenen oder von den Päpsten erworbenen antiken Fundstücke wanderten jedoch vorwiegend in die Kapitolinischen Museen. Erst Clemens XIV. (1767–1774) fasste den Entschluss, für die päpstliche Antikensammlung im Vatikan ein eigenes Museum zu begründen. Die mit dem Bau beauftragten Architekten Alessandro

Dori, Michelangelo Simonetti und Giuseppe Camprese errichteten die Gebäude unter Einbeziehung des Belvedere-Palastes, der bereits als Ausstellungsstätte diente. Dieser musste jedoch teils verändert werden, teils neuen Bauten weichen. Unter dem nachfolgenden Papst, Pius VI. (1775–1799), wurde das Projekt beendet und erhielt den Namen Museo Pio Clementino (nach den beiden Bauherrn).

Das Museum ist einerseits wegen seiner herausragenden Kunstwerke sehenswert, andererseits wegen seiner Architektur. Die Architekten orientierten sich bei der Planung und Ausführung an der Antike. Die Gestaltungselemente (Säulen, Gewölbe, Nischen für die Statuen, geometrische Muster der Fußböden) stellen eine Verbindung zwischen Raum und Ausstellungsstücken her. Die Sammlung fügt sich harmonisch in die Architektur ein. Dadurch entsteht der Ausdruck besonderer Würde und Feierlichkeit. Allein um das zu erleben, lohnt sich ein Besuch dieses Teils der Vatikanischen Museen.

Die Sala a Croce Greca: Eine schöne von Simonetti gestaltete Treppenanlage führt zum ersten Raum des Museums, der Sala a Croce Greca (der Grundriß gleicht einem griechischen Kreuz). Der im Zentrum mit einem antiken Mosaikfußboden geschmückte Saal enthält zwei Sarkophage aus rotem Porphyr, einem seltenen Stein, der als sehr kostbar gilt. Bei den hier ausgestellten Stücken aus dem 4. Jahrhundert handelt es sich um die Grablegen der Konstantia (gestorben 354), Tochter Konstantins des Großen, und der heiligen Helena, der Mutter dieses Kaisers. Der Sarkophag der Konstantia stammt aus ihrem Mausoleum, der heutigen Kirche Santa Constanza. Der Helena-Sarkophag ist mit kämpfenden Kriegern und besiegten Barbaren dekoriert – Themen, die eher zu einem Heerführer passen: Möglicherweise handelte es sich ursprünglich um einen Sarkophag für den Kaiser selbst. Da Konstantin nicht in Rom, sondern in dem von ihm bevorzugten Konstantinopel seine letzte Ruhestätte fand, ist es denkbar, dass seine Mutter in dem eigentlich für ihn bestimmten Sarkophag beigesetzt wurde.

Die Sala Rotonda: Den nächsten Saal, die Sala Rotonda – mit kreisrundem Grundriss –, gestaltete Simonetti in Anlehnung an das Pantheon. Im Mittelpunkt steht eine große Porphyrschale, die wahrscheinlich aus Neros Goldenem Haus stammt. Den Fußboden schmückt ein großes Mosaik. Wie das Pantheon hat auch die Sala Rotonda Nischen, in denen antike Skulpturen aufgestellt sind. Unter den hier aufbewahrten Werken ist auch die Büste des Zeus von Otricoli eingereiht (benannt nach der Fundstelle, einem kleinen Ort nördlich Roms); sie ist eine Marmorkopie des Originals aus dem 4. Jahrhundert v. Chr., das dem Bryaxis zugeschrieben wird. Das von seinen gelockten Haaren und dem Bart umrahmte Gesicht drückt bei aller göttlicher Vollmacht auch Weisheit, Güte und Menschlichkeit aus.

Die Sala delle Muse: Der folgende Raum, die Sala delle Muse, erhielt seinen Namen von den Skulpturen, die die neun Musen darstellen, römische Kopien nach griechischen Originalen des 3. vorchristlichen Jahrhunderts. Das Thema des Saales wird in den Deckenfresken der Schule Sebastiano Concas wieder aufgegriffen: Apollo und die neun Musen.

Die Sala degli Animali: Es folgt die Sala degli Animali, eine Sammlung von Tierdarstellungen, die teils aus der Antike stammen, teils Werke des Antonio Franzoni aus dem 18. Jahrhundert sind.

Erwähnenswert ist die antike Skulptur des Mithras, der den Stier tötet. Die Mithrasmysterien sind in Rom seit der ersten Hälfte des 2. Jahrhunderts n. Chr. inschriftlich belegt; im 4. Jahrhundert verschwinden sie wieder. Die Herkunft dieses Kultes, der in der Reichshauptstadt zahlreiche Anhänger hatte, ist ungewiss. Vieles deutet auf persischen Ursprung hin. In den Versammlungsräumen war jeweils das Kultbild als Skulptur aufgestellt oder als Relief oder Wandbild angebracht: der stiertötende Mithras. Ein solches Standbild, aus Marmor gearbeitet, haben wir hier vor uns. Der jugendliche Mithras hat den Stier niedergezwungen. Mit seinem rechten Bein stützt er sich am Boden ab, das linke Bein ist angewinkelt, das Knie stemmt er auf den Rücken des Tieres. Mit seiner linken Hand zieht er den Stierkopf zu sich hin und stößt dem Tier mit der Rechten den Dolch in die Flanke. Aus der Wunde strömt Blut, das als lebenspendend gilt. Ein Hund springt hinzu und eine Schlange schlängelt sich hinauf, um von dem Blut zu trinken.

Zur Bedeutung des Stiertötens: Der Gott Mithras verfolgt den Urstier, zwingt ihn nieder und schleppt ihn in seine Höhle, wo er ihn tötet. Das Tier muss geopfert werden, damit neues Leben entsteht; das Töten des Stiers ruft die zivilisierte Welt ins Leben. Ein Mithrasheiligtum, das bei der Kirche Santa Prisca gefunden wurde, enthält die Wandinschrift: „Du hast uns errettet durch dein ewig vergossenes Blut."

Die Galleria delle Statue: Die Statuengalerie war ursprünglich die Loggia des Belvedere-Palastes, der Umbau beließ glücklicherweise die *Fresken des Pinturicchio* und seiner Werkstatt, so dass sich der vorzügliche Eindruck eines Renaissancesaals einstellt. Diese Wanddekoration gibt den hier aufgestellten antiken Skulpturen, die zum Teil von großem künstlerischen Wert sind, einen feierlichen Rahmen. (Die Statuengalerie ist manchmal teilweise geschlossen. Ein Besuchstermin kann mit der Museumsdirektion vereinbart werden.)

Die Statuengalerie geht in die *Galleria dei Busti* (Büstengalerie) über, die zahlreiche Bildnisbüsten enthält. Die Ausstellungsstücke bieten einen umfangreichen und guten Einblick in die römische Portraitkunst, die den Dargestellten gerne möglichst genau abbilden will und dabei auch vor Hässlichkeiten nicht zurückschreckt, also nicht idealisiert.

Das Gabinetto delle Maschere: An der Längsseite der Statuengalerie befindet sich der Eingang zum Maskenkabinett. Dieser Raum erhielt seinen Namen von den Theatermasken, die auf dem hier angebrachten *Fußbodenmosaik* aus der Villa Kaiser Hadrians in Tivoli dargestellt sind.

Erwähnung verdient die *Venus von Knidos.* Dieses Standbild gilt als ausgezeichnete Kopie der berühmten Aphrodite, die Praxiteles im 4. Jahrhundert v. Chr. geschaffen hat. Die Unterarme der Skulptur sind bei einer späteren Restaurierung ergänzt worden. Dargestellt ist der Moment, in dem die Göttin zum Bad ins Wasser steigen möchte. Sie hat sich bereits entkleidet und legt das Gewand auf eine geschwungene Vase. Mit dem echten Bein steht sie fest auf dem Boden, während sie ihr linkes Knie angewinkelt hat, um den Fuß vorsichtig ins Wasser zu führen. Das Gesicht mit weichen Zügen und gelassenem Ausdruck ist leicht nach links gedreht und schaut schräg nach unten, wo das Wasser zu erahnen ist. Die ruhige Bewegung des Körpers wird eingefangen von einer ellipsenförmigen Linie, die von den Schultern, den Falten des Gewandes, den Knien, der rechten Hüfte und dem Oberarm beschrieben wird. Diese geschlossene Kurve verleiht der Skulptur Ruhe und Ausgewogenheit, und zusammen mit der Geschmeidigkeit des Körpers vermittelt sie den Ausdruck des In-sich-Ruhens einer mit sich eins seienden Frau, die in vollkommener Harmonie lebt.

Der Cortile del Belvedere: Vom Saal der Tiere aus öffnet sich der Zugang zur Cortile Ottogone. Dieser Hof war Teil des Belvedere-Palastes (daher auch Cortile del Belvedere – Belvederehof – genannt) und erhielt bei der Umgestaltung zum Museo Pio Clementino den achteckigen Bogengang, in dem sich die Nischen für die Ausstellungsstücke befinden.

Das berühmteste hier ausgestellte Werk ist die *Laokoon-Gruppe*. Sie wurde im Jahre 1506 in der Gegend, wo sich einst Neros Goldenes Haus erstreckte, gefunden. Papst Julius II. stellte die bewundernswürdige Skulpturengruppe im Vatikan auf. Sie hat die Künstler der Renaissance nachhaltig beeinflusst. Der fehlende rechte Arm des Laokoon wurde zunächst ergänzt, wozu man die Schulter teilweise entfernte. Erst im 20. Jahrhundert erhielt die Statue ihren echten Arm wieder. Die unechte Ergänzung ist heute am hinteren Feld des Sockels zur Besichtigung angebracht.

Die Figurengruppe ist eine Marmorkopie nach dem griechischen Bronzeoriginal, das die Bildhauer Agesandros, Polydoros und Athenodoros geschaffen hatten und das der römische Kunstliebhaber und Literat Plinius der Ältere als größtes Kunstwerk gerühmt hat. Die Skulptur wird durchweg ins 1. vorchristliche Jahrhundert datiert. Neuere Datierungen sprechen auch vom 2. Jahrhundert v. Chr. Nach der Sage warnte der Priester Laokoon die Trojaner vor dem hölzernen Pferd. Daraufhin erschienen Schlangen, die ihn und seine Söhne töteten. Die Trojaner deuteten dies als von der Göttin Athene vollstreckte Strafe und brachten das hölzerne Pferd in ihre Stadt. Die Folge war bekanntlich, dass die Griechen, die sich in dem Tierleib versteckt hatten, Troja eroberten.

Laokoon, der halb stehend, halb auf dem Altar sitzend das Zentrum der Skulpturengruppe bildet, versucht mit äußerster Anstrengung, sich und seine beiden Söhne von den Schlangen zu befreien. Seine linke Hand fasst eine Schlange knapp hinter ihrem Kopf, während diese ihn in die Hüfte zu beißen versucht; die rechte Hand fehlt, aber sein angewinkelter Arm und sein extrem seitwärts und nach hinten gestreckter Kopf lassen vermuten, dass der Priester auch mit dieser Hand einen Teil der Schlange umfasst und von seinem Hals fernhalten will. Sein von lockigen Haaren und dem Vollbart umrahmtes Gesicht zeigt den Ausdruck tiefster Verzweiflung. Zu seinen beiden Seiten stehen seine Söhne: Der (vom Betrachter aus) rechte Jüngling versucht, den Schlangenkörper abzustreifen, der sich um einen seiner Knöchel gewunden hat. Mit entsetztem und Hilfe suchendem Blick schaut er zu seinem Vater hinauf. Der andere Sohn scheint dem Kampf mit dem Untier bereits erlegen zu sein: Das Haupt nach hinten geworfen, schwebt er willenlos zwischen dem um seine Arme und Beine geschlungenen Schlangenkörper. Die Stufen des Altars bilden gleichsam eine Bühne, auf der sich das dramatische Geschehen abspielt. Die Bewegungen entfalten sich in alle Richtungen: Sie sind – anders als bei der Venus von Knidos (vgl. S. 136) – nicht geschlossen, sondern streben explosionsartig nach außen. In dieser Dynamik drücken die schutzlos nackten Körper den verzweifelten und aussichtslosen Kampf gegen das Schicksal aus. Offensichtlich treiben die Götter willkürlich ihr Spiel mit der Menschheit. Zugrunde liegt die Erfahrung, die jeder Mensch mehr oder weniger machen muss, dass es nämlich Situationen gibt, die er nicht steuern kann, denen er ausgeliefert ist. Versucht die Antike sie mit dem Hinweis auf die Willkür der Götter zu begründen, so bekennt das Christentum, die Katastrophen seien von Gott zugelassen und dienten im letzten Grund – wenn auch geheimnisvoll – seinem Heilsplan.

Ein Stadtrundgang

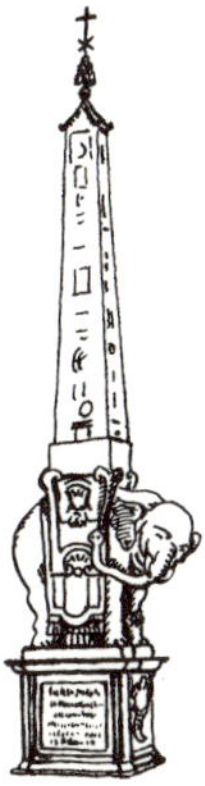

Berninis Elefantenskulptur

- *Santa Maria sopra Minerva*
- *Das Pantheon*
- *Piazza Navona*
- *Der Campo de' Fiori*
- *Der Palazzo Farnese*
- *Die Fontana delle Tartarughe auf der Piazza Mattei*
- *Il Gesù*

In seinem lesenswerten „Römischen Erinnerungsbuch" schreibt Werner Bergengruen: „Die angemessene Bewegungsart, ja die fruchtbare Lebensweise ist für den Gast Roms das glückliche Schlendern; wenn man so will: das Spazierengehen, und dies Wort kommt von lateinischen ‚spatium', der Raum, so daß man es wohl mit der Wendung ‚sich des Raumes mächtig machen' verdeutschen könnte. Man muß sich treiben lassen und nicht streben, ein Besichtigungsprogramm abzuarbeiten. Ich liebe das Wort ‚besichtigen' nicht, das eine Überheblichkeit des Besichtigers gegenüber seinem Objekt auszudrücken scheint (Generäle besichtigen Regimenter, Ministerialräte besichtigen Gefängnisse, Schulen, Krankenhäuser und Büroräume, und wer besichtigt wird, hat zu zittern). Auch das tote Wort ‚Sehenswürdigkeit' ist mir verhaßt. Wer von St. Peter, vom Pantheon oder Forum als von Sehenswürdigkeit spricht, täte besser, diese Stätten ungesehen oder, in seinem Jargon zu reden, unbesichtigt zu lassen. Ich möchte jedem, der nach Rom kommt, wer er auch sei, etwas von pilgerhafter Demut, Ehrfurcht und Erschütterbarkeit des Herzens wünschen, wie die großen Romfahrer aller Zeiten sie empfunden haben: Petrarca, Winckelmann, Goethe, die Nazarener […]. Der Schlenderer ist freilich in Gefahr, ein Ziel zu verfehlen, weil er unterwegs immer wieder verlockt sein wird, abzuschweifen und auf eigene Faust Entdeckungen zu machen, die kein Reisehandbuch verzeichnet; und es mag ihm auch manches entgehen, das im Reisehandbuch wie ein alter Cognac oder Tokayer mit vielen auszeichnenden Sternen versehen ist. Nimm, Schlenderer, solche Gefahren getrost in Kauf! Alles, was in Rom des Schauens, ja des tiefinnerlichen Sichzueigenmachens würdig ist, kannst du doch nicht bewältigen. Dafür werden dir unversehene Freuden zufallen. Und vielleicht wird die Erinnerung an eine kleine, unberühmte, baufällige Kirche, an eine unscheinbare, nur von Katzen belebte Mauerecke, an ein vergessenes Muttergottesbild über einer bröckligen Haustür dir später einmal mit einem süßen Erschrecken ins Herz fallen und dir zu einem ewigen Hausrat der Seele werden.“

Vor diesem Hintergrund fällt es schwer, einen Stadtrundgang zu empfehlen. Ich versuche es trotzdem, aber mit Einschränkungen: Der Weg ist nur einer von zahlreichen Möglichkeiten, er bietet nicht mehr als eine begrenzte Auswahl von dem, was es Interessantes zu sehen gibt. Der hier vorgeschlagene Rundgang soll also eine Orientierung geben; häufig genug bietet sich die Gelegenheit, im Sinne Bergengruens abzuweichen – aus Neugierde, aus Entdeckungsdrang oder aus Freude, Unverhofftem zu begegnen.

Ausgangspunkt ist die Piazza del Gesù am verkehrsreichen Corso Vittorio Emanuele II. An diesem Platz erhebt sich die imposante Fassade der Kirche Il Gesù; der Besuch dieses Bauwerks soll jedoch erst am Schluss des Stadtrundgangs erfolgen.

Santa Maria sopra Minerva

Über die Via del Gesù geht es zunächst zur Piazza della Minerva mit Berninis schönem Elefanten, der auf seinem Rücken einen ägyptischen Obelisken des 6. vorchristlichen Jahrhunderts trägt; die schlichte und strenge Fassade der Kirche Santa Maria sopra Minerva bildet einen Kontrast zu der bewegt barocken Skulptur Berninis.

In den Ruinen eines Minervatempels (daher der Name) entstand bereits im 8. Jahrhundert eine Kirche. Den heutigen Bau errichteten die Dominikaner im gotischen Stil (begonnen im 13. Jh.); sie wird heute noch von diesem Orden betreut. Der ursprünglich schlichte Charakter ist leider durch die spätere Ausstattung verlorengegangen.

Nach dem Betreten der Kirche lädt das Dunkel des Raumes zum Innehalten ein. In der Apsis – unter dem Hochaltar – befindet sich das *Grab der heiligen Katharina von Siena.* Sie ging in die Papstgeschichte ein, da sie Gregor XI. darin bestärkte, aus Avignon nach Rom überzusiedeln und so der Stadt das Papsttum wiederzugeben. Paul VI. erhob die mutige Frau zur Kirchenlehrerin. Links neben der Hauptapsis befindet sich die *Statue des Erlösers,* ein Werk *Michelangelos und seiner Schüler*: Christus hält im Arm die Leidenswerkzeuge – Kreuz, Ysopstab und Schwamm – als Zeichen seines Erlösungstodes. In der angrenzenden Kapelle ist Fra Angelico beigesetzt; dieser Künstler aus dem Dominikanerorden malte die beachtenswerten Fresken in der Cappella di Nicolo V. des Vatikans (vgl. S. 126 f.). Santa Maria sopra Minerva enthält ein bedeutendes Werk des Renaissance-Malers Filippo Lippi: die Fresken in der Carafa-Kapelle (rechtes Seitenschiff). Über dem Altar ist die Himmelfahrt Mariens dargestellt, und die rechte Seitenwand zeigt Szenen, die das Leben des heiligen Thomas von Aquin, des herausragenden Kirchenlehrers aus dem Dominikanerorden, zum Inhalt haben.

Das Pantheon

Von der Piazza della Minerva aus wird bereits die Rückseite des Pantheon sichtbar. Dieser kreisrunde Tempel besitzt an der Piazza della Rotonda einen Eingangsportikus, auf dessen Architrav eine Inschrift Marcus Agrippa als den Erbauer nennt. Gemeint ist der Vorgängerbau, den Marcus Agrippa 27 v. Chr. zu Ehren aller Götter (Pantheon) gestiftet hatte und der die Fläche der heutigen Vorhalle einnahm. Das jetzige Gebäude wurde etwa zwischen 115 und 125 n. Chr. unter Kaiser Hadrian errichtet. Papst Bonifaz IV. (608–615) gab dem Pantheon eine neue Bestimmung: Am 13. Mai 609 weihte er den Tempel als Kirche zu Ehren der Jungfrau Maria und aller Märtyrer. Im Laufe der Jahrhunderte gingen große Teile ihres Bronzeschmucks verloren; unter anderem ließ Bernini daraus den Baldachin der Peterskirche gießen.

Große antike Bronzetüren, die von den Plünderern glücklicherweise verschont wurden, bilden den Eingang zu dem kreisrunden Innenraum. Die Kuppel, die ihn überwölbt, stellt geometrisch eine exakte Halbkugel mit einem Durchmesser von 43,3 m dar. Der zylindrische Unterbau ist bis zum Kuppelansatz durch Nischen, Säulen und darüber liegende Scheinfenster reich gegliedert. Der verschiedenfarbige Marmor bildet einen Kontrast zur einfarbigen Kuppel, die nur durch Kassetten dekoriert ist. Der Raum wird erhellt durch eine kreisförmige Öffnung von fast 9 m Durchmesser im Scheitel der Kuppel.

Nach 1871 wurde das Pantheon nationale Grabstätte. Die seitlichen Nischen schmücken die Grabmäler der ersten Könige des Königreichs Italien: Viktor Emanuel II. (links) und Umberto I. (rechts). Neben dem Grab Viktor Emanuels befindet sich Raffaels letzte Ruhestätte aus dem frühen 16. Jahrhundert.

Piazza Navona

Vom Pantheon ist es nicht weit bis zur Piazza Navona (nach Verlassen des Pantheons links halten und dann durch einige Gassen). Hier befand sich in der Antike das Stadion des Kaisers Domitian (Ende des 1. Jh.), woran die langgestreckte Gestalt des Platzes erinnert. Auch die frühere Bezeichnung der Piazza weist auf das Stadion hin: „Circo Agonale" (AGON *[lat.]* = Wettkampf). Die westliche Längsseite wird durch die Fassade der Kirche *Sant' Agnese in Agone* betont. Nach der Überlieferung war das Stadion Domitians der Ort, wo die heilige Agnes das Martyrium erlitt. (Die Märtyrin ist in Sant' Agnese fuori le mura beigesetzt.) Sant' Agnese in Agone wurde von Rainaldi 1652 begonnen und vollendet von Borromini, der auch die Fassade gestaltete: Das konkav geschwungene Mittelteil mit den vorspringenden Säulen, die das Hauptportal flankieren, wird von zwei seitlichen Türmen und der Kuppel überhöht.

Diese reich bewegte und mächtige Fassade findet ein prächtiges Gegenüber in dem *Vierströmebrunnen* (Fontana dei fiumi); er ist ein Werk Berninis und nimmt den Mittelpunkt des Platzes ein. Ein Obelisk steht auf einem Block, der die Form von Pflanzen und Felsen besitzt und aus dem Wasser hervorströmt. Auf den vier Ecken dieses künstlichen Felsens sitzen Gestalten, die verschiedene Flüsse als Vertreter der vier damals bekannten Erdteile repräsentieren. Der Nil, der für Afrika steht, verhüllt sein Gesicht – seine Quelle war noch nicht bekannt. Der Ganges – mit Ruder – verkörpert Asien. Die Donau als Vertreterin Europas wendet sich dem Papstwappen zu und stützt es. Der Rio della Plata als Repräsentant Amerikas hält seine Hand gegen die Fassade von Sant' Agnese in Agone, als wolle er sie vor dem Einsturz bewahren. Böse Zungen behaupteten, dies sei ein Angriff Berninis auf seinen Rivalen Borromini gewesen; aber der Brunnen war bereits 1651 vollendet, also vor dem Baubeginn der Kirche. Der Obelisk wird von einer Taube gekrönt, Wappentier des Auftraggebers Innozenz X. Die Obelisken galten in Ägypten als Symbole für die Sonnenstrahlen und somit des Sonnengottes. Im Christentum erfolgte eine Umdeutung hin zum wahren Licht, das in Jesus Christus aufstrahlt. So versammelt sich hier, durch die Erdteile repräsentiert, die gesamte Welt um ihren Erlöser Jesus Christus, der seinen Aposteln aufgetragen hat: „Ihr werdet meine Zeugen sein […] bis an das Ende der Welt“ (Apg 1,8).

Der Campo de' Fiori

Es empfiehlt sich, einige Zeit auf der Piazza Navona zu verweilen, die Schönheit des Platzes ist überwältigend. Verlässt man die Szenerie in südlicher Richtung, ist es nach Überqueren des verkehrsreichen Corso Vittorio Emanuele II. nicht mehr weit zur Piazza Campo de' Fiori. An Werktagen ist hier vormittags Markt. Möglicherweise ist der Markt noch im Gange, vielleicht haben die Händler ihre Stände aber auch schon abgeräumt und nur die Blumenverkäufer sind noch da: Wie dem auch sei, das Leben ist hier noch ziemlich italienisch in dem sonst international geprägten Rom; es lohnt sich, dem Treiben auf dem Platz zuzuschauen.

Früher war der Campo de' Fiori ein Hinrichtungsplatz. Einem Mann, der hier im Jahre 1600 als Ketzer verbrannt worden war, hat man im 19. Jahrhundert ein Denkmal gesetzt: *Giordano Bruno*. Mächtig schaut der einstige Dominikaner auf den Platz hernieder, die Kapuze tief ins Gesicht gezogen. 1576 musste er den Orden verlassen, weil der Ordensprovinzial ihn der Häresie bezichtigte. Daraufhin durchwanderte er fast ganz Europa. Oft missverstanden und vor seinen Gegnern fliehend, kam er auch nach Wittenberg und Frankfurt am Main. In Venedig nahm ihn die Inquisition 1592 in Gewahrsam, und nach einem aufwendigen Prozess verurteilte man ihn zum Tode auf dem Scheiterhaufen. Giordano Bruno lehrte die Unendlichkeit des Weltalls, da auch die Gottheit nur als eine unendliche gedacht werden kann, die unmöglich etwas Endliches hätte erschaffen können. Unser Sonnensystem ist nur eines von vielen, hat also keine zentrale Bedeutung. Diese Lehre, die im Gegensatz zum aristotelischen Weltbild stand, wurde zum Anklagepunkt bei dem Häresieprozess. Hinzu kam – sicherlich mit stärkerer Wirkung – seine Leugnung der Menschwerdung Gottes in Jesus Christus, zu der er aus seiner pantheistischen Welterklärung nicht mehr zurückfand.

Der Palazzo Farnese

Über einige Gassen, die an der Längsseite des Campo de' Fiori abzweigen, gelangt man auf die Piazza Farnese mit dem gleichnamigen Palast. 1516 im Auftrag des Kardinals Alessandro Farnese begonnen, wurde er erst 1589 vollendet. Nachdem Kardinal Farnese zum Papst gewählt worden war (er nahm den Namen Paul III. an), ließ er den ursprünglichen Plan auf die heutige Form vergrößern. Der Platz ist durch zwei Brunnen gegliedert, die mit je einer Lilie aus dem Wappen der Farnese bekrönt werden, und gibt die nötige Distanz zu der mächtigen Palastfassade. Die Aufteilung in drei Geschosse wird durch die Gesimse optisch hervorgehoben. Die Fenster sind teils von Pilastern, teils von Säulen gerahmt und im ersten und zweiten Stock mit Giebeln geschmückt, wobei das mittlere Stockwerk – das Piano nobile – durch den Wechsel von Dreiecks- und Kreissegmentgiebel sowie durch die Loggia über dem markanten Portal betont wird. Über der Loggia ist das Farnese-Wappen mit den Lilien angebracht. Heute befindet sich in dem Palast die Französische Botschaft.

Der Stadtrundgang führt nun zunächst zum Campo de' Fiori zurück, sodann über die Via dei Giubbonari, und nach Überqueren der Via Arenula erreichen wir durch die Via del Falegnami die Piazza Mattei mit dem hübschen Schildkrötenbrunnen (Fontana delle Tartarughe).

Die Fontana delle Tartarughe auf der Piazza Mattei

Dieser im 16. Jahrhundert von Giacomo della Porta entworfene Brunnen ist ein Spiel von Wasser und Formen. In einem großen flachen Becken steht eine Vase, die sich zu einer kreisrunden Schale öffnet; an ihr trinken vier Schildkröten. Vier nackte Jünglinge halten mit ihrer rechten Hand die kleinen Tiere an den Schalenrand. Der Wasserverlauf der Fontana wird raffiniert geführt: Ein kleiner Springbrunnen füllt die obere Schale, von der vier Rinnsale ins untere Becken fließen. Dazwischen speien vier Delphine Wasser in mächtige Muscheln, von denen es in das untere Becken überfließt. Auch hier wird wieder deutlich, wie sehr die Wasserkunst eine Stadt zu beleben vermag.

Die Piazza Mattei bildet eine der Flanken des Karrees, das von den Straßen Via Paganica, Via degli Botteghe Oscure und Via M. Caetani gebildet wird und einen Komplex von vier Palästen umfasst, die die Patrizierfamilie Mattei erbauen ließ. Von der Via M. Caetani öffnet sich der Blick in einen der Innenhöfe des Palastes, der mit zahlreichen antiken Reliefs und Statuen geschmückt ist. In dieser Straße erinnert eine Gedenktafel auch an ein grausiges Ereignis der jüngsten Geschichte Roms: Hier wurde 1978 der von Terroristen ermordete christlich-demokratische Politiker und mehrmalige italienische Ministerpräsident Aldo Moro im Kofferraum eines Autos gefunden.

Il Gesù

Von der Via degli Botteghe Oscure biegt die Via Celsa ab, über die man zur Kirche Il Gesù kommt. Von Giacomo da Vignola 1568 begonnen, wurde sie 1584 von Giacomo della Porta vollendet, der auch die Fassade entworfen hat.

Die Fassade: Eine Attika trennt die beiden durch Pilaster und Säulen gegliederten Geschosse. Das obere ist schmal-rechteckig und von Voluten seitlich gestützt. Das untere ist breiter, und seine Fassadendekoration steigert sich rhythmisch von der Seite zur Mitte hin: Die äußeren Felder sind noch schmucklos; die nächsten Felder sind durch die Seitenportale und durch Nischen, in denen Statuen aufgestellt sind, gefüllt; die Mittelzone schließlich ist durch flankierende Säulen, durch den doppelten Giebel und das große Portal besonders hervorgehoben. Das obere Geschoss ist zwar zurückhaltender gestaltet, besitzt aber die gleiche Rhythmisierung, so dass der Gesamteindruck einer von den Seiten zur Fassadenmitte hin sich steigernden Bewegung entsteht.

Der Innenraum: Nach Betreten des Innenraums wird der Blick sogleich nach vorne zur Apsis mit dem Hauptaltar gelenkt; die davor liegende Vierung wird durch die Kuppelfenster hell erleuchtet, während das Langhaus sein Licht nur durch die Fenster in den Stichkappen des Tonnengewölbes erhält. Der breite Raum ist beidseitig von Kapellen gesäumt, die durch Doppelpilaster voneinander getrennt sind. Die flache Apsis und die kurzen Querschiffe bergen je einen großen Altar.

Der Hauptaltar – in der strengen Gestaltungsweise des 19. Jahrhunderts errichtet – wird von dem Christusmonogramm IHS überragt; diese lateinische Form der drei Anfangsbuchstaben der griechischen Schreibweise von Jesus (ΙΗΣΟΥΣ) symbolisiert hier den „Namen Jesu", dem diese Kirche geweiht ist. Hierauf deutet auch die Inschrift über dem Altarbild hin: SS. NOMINI JESU SACRUM (Heiligtum des Heiligsten Namens Jesu).

Der Altar des rechten Querhauses wurde von 1674 bis 1678 nach Entwürfen Pietros da Cortona errichtet und ist dem Missionar *Franz Xaver* gewidmet, einem der ersten Gefährten des Gründer des Jesuitenordens Ignatius von Loyola. Das Gemälde von Carlo Maratta stellt den Tod des Heiligen dar. Auf dem Altar ist die Reliquie eines seiner Armknochen – in Silber gefasst – angebracht.

Im gegenüberliegenden Querschiff steht der *Grabaltar des heiligen Ignatius von Loyola,* ein Werk des Jesuiten Andrea Pozzo aus den Jahren 1696 bis 1700. Er vergegenwärtigt in üppigen Formen und barocker Überschwänglichkeit die Verherrlichung des Heiligen. Überragt von einer Figurengruppe der Dreifaltigkeit, rahmen mächtige, kostbar verkleidete Säulen eine Statue, die den heiligen Ignatius von Loyola in priesterlichen Messparamenten gekleidet darstellt. Dieses Standbild war ursprünglich aus purem Silber, das jedoch für Reparationszahlungen an Napoleon eingeschmolzen werden musste. Unter dem mit Ornamenten verzierten Podest, auf dem die Statue angebracht ist, lesen wir den Wahlspruch des Heiligen: AD MAIOREM DEI GLORIAM (zur größeren Ehre Gottes). Den Altar flankiert je eine Figurengruppe: Links wehrt eine Frau – sie personifiziert die Religion – einen

Häretiker ab, der bereits zu Boden gestürzt ist und noch einen König mitreißen will. Rechts verjagt eine Frau – sie verkörpert den Glauben – mit einem Kreuz mehrere Gestalten, deren Bücher die Namen Martin Luther und Johannes Calvin tragen, während ein Putto eifrig die Schriften Zwinglis zerreißt. Diese niedergestürzten Gestalten sind Personifikationen des Irrtums. Die Figurengruppe zeigt, wie weit sich die Abgrenzung der katholischen Kirche von den evangelischen kirchlichen Gemeinschaften entwickelt hatte und wie weit der Weg zurück zur heute praktizierten Ökumene war.

Rechts neben dem Ignatiusaltar öffnet sich eine kleine Kapelle, wo das Gnadenbild der Madonna della Strada (Muttergottes am Weg) verehrt wird.

Ignatius-Gedenkstätte. Rechts der Kirche befindet sich der Zugang zu einer Gedenkstätte des heiligen Ignatius von Loyola. Dort sind Erinnerungsstücke an den Gründer der Gesellschaft Jesu ausgestellt.

Zu beiden Seiten des Corso

- *Piazza del Quirinale*
- *Piazza Venezia*
- *Der Palazzo Doria-Pamphili*
- *San Ignazio*
- *Fontana di Trevi*
- *Piazza Colonna und Palazzo Chigi*
- *Palazzo di Montecitorio*
- *Palazzo di Propaganda Fide*
- *Piazza di Spagna und Spanische Treppe*
- *Museo di Goethe*
- *Piazza del Popolo*

Die Spanische Treppe

Via del Corso heißt die schnurgerade Straße, die die Piazza Venezia mit der Piazza del Popolo verbindet. Die Paläste und Kirchen, von denen sie gesäumt ist, erinnern noch an die Bedeutung, die sie einst hatte. Inzwischen hat sich „il corso" zu einer bevorzugten Einkaufsstraße entwickelt – insbesondere für Bekleidung und Mode, wobei die abzweigende Via dei Condotti die Adresse für die Haute Couture darstellt. Wer weniger Interesse am Schaufensterbummel hat, wird es jedoch eher als Qual empfinden, sich durch die enge und belebte Straße schieben zu lassen. Aber beim nachfolgend vorgeschlagenen Erkundungsgang geht es nicht um den Corso selbst, sondern um seine unmittelbare Umgebung, die so manche architektonische, künstlerische und kulturelle Kostbarkeit bereithält.

Piazza del Quirinale

Am Anfang dieses Spaziergangs soll die Piazza del Quirinale stehen, von der sich ein weiter Blick über die Stadt hin bis zur Peterskirche bietet. Dieser Platz liegt auf der westlichen Kuppe des Quirinal, der der höchste der sieben Hügel Roms ist und ehedem wegen seiner guten und gesunden Luft gepriesen wurde, was beim heutigen Autoverkehr leider nicht mehr zutrifft.

Der *Palazzo del Quirinale:* Auf der Suche nach einem Bauplatz für eine päpstliche Sommerresidenz wurde Gregor XIII. (1572–1585) auf ein Gelände aufmerksam, das Kardinal d'Este auf dem Quirinal besaß, auf dem eine Villa umgeben von einem großen Garten stand. Der Papst erwarb das Grundstück und begann mit der Errichtung einer Residenz für den Aufenthalt in den heißen Sommermonaten. Das Projekt zog sich jedoch lange hin und wurde erst unter Clemens XII. (1730–1741) vollendet. In dieser langen Bauzeit entstand ein stattlicher Palast, der eine große Fläche des Quirinalhügels einnimmt. Seit 1870 residierten im Palazzo del Quirinale die italienischen Könige, heute hat der Präsident der Republik Italien hier seinen Amtssitz.

Vor der Fassade des Quirinalpalastes mit dem markanten Portal, über dem ein von Bernini entworfener Balkon hervorspringt, liegt die ausgedehnte Piazza del Quirinale. Von der Balustrade aus entfaltet sich das großartige Panorama mit der Kuppel der Peterskirche im Hintergrund. In der Mitte des Platzes erhebt sich ein Obelisk, der von antiken Skulpturen – dargestellt sind die Dioskuren als Rossebändiger – flankiert ist.

Die südöstliche Seite des Platzes bildet die Fassade des *Palazzo della Consulta*, den Clemens XII. in den Jahren ab 1732 von Ferdinando Fuga für den päpstlichen Gerichtshof erbauen ließ. Heute ist das Gebäude Sitz des italienischen Verfassungsgerichts. Die Fassade ist mit Pilastern, Fenstereinfassungen und Gesimsen reich dekoriert, besitzt eine hervorgehobene Mittelportalzone und wird von einer Balustrade gekrönt.

Von der Piazza del Quirinale führt die Via XXIV. Maggio und die Via IV. Novembre (in der Biegung Abkürzung über Treppen) zur Piazza Venezia.

Piazza Venezia

Auf der südlichen Seite ist dieser Platz von dem 1911 vollendeten *Denkmal für Vittorio Emanuele II.*, unter dem Italien seine nationale Einheit erlangte, begrenzt. Das terrassenförmig aufsteigende Monument aus strahlend weißem Kalkstein besitzt als oberen Abschluss eine Portikus, die die gesamte Breite einnimmt und von zwei Resaliten mit Dreiecksgiebeln flankiert ist. Die zentrale Statue des Monuments stellt den König Viktor Emanuel II. auf einem Pferd reitend dar – in Anlehnung an die antiken Reiterstandbilder der römischen Kaiser, von denen uns dasjenige Marc Aurels auf dem Kapitol erhalten geblieben ist. Viktor Emanuel II. war der erste König des 1860 proklamierten italienischen Königreichs.

Die westliche Seite der Piazza Venezia nimmt der *Palazzo Venezia* ein. Das Gebäude wurde zu Beginn des 15. Jahrhunderts von dem venezianischen Kardinal Pietro Barbò, dem späteren Papst Paul II., errichtet und ist der erste Palastbau nach der Rückkehr der Päpste aus Avignon. Noch in mittelalterlicher Art mit Zinnen gekrönt, kündet die klare und gleichmäßige horizontale Wandgliederung schon die Renaissance an. Vom 16. Jahrhundert an wurde der Palast für zwei Jahrhunderte Eigentum der Republik Venedig, wodurch sich sein heutiger Name erklärt. Zur Zeit des Faschismus war er Amtssitz Mussolinis. Vom Balkon aus hielt der Diktator bombastische Reden an das Volk. Heute ist der Palazzo Venezia Museum.

Der Palazzo Doria-Pamphili

Am Beginn der Via del Corso erhebt sich links die eindrucksvolle Rokokofassade des Palazzo Doria-Pamphili. In diesem Palast ist die gleichnamige Kunstsammlung mit bedeutenden Gemälden untergebracht: Werke von Caravaggio, Tizian, Velasquez, Annibale Carracci, Claude Lorrain u.a. (Der Eingang zur Galleria Doria Pamphili liegt an der Piazza del Collegio Romano.)

An der nördlichen Ecke des Palazzo Doria-Pamphili fällt die Barockfassade der kleinen Kirche Santa Maria in Via Lata auf, bei der es sich um eine altchristliche Gründung handelt. Das heutige Gebäude entstand am Ende des 15. Jahrhunderts und wurde im 17. Jahrhundert umgestaltet. Der Altar ist ein Werk Berninis. Die Fassade wurde von Pietro da Cortona angefügt; der Eindruck dieser eleganten Außenwand litt lange unter den römischen Autoabgasen. Neben ihr führt die schmale Via Lata zur Piazza del Collegio Romano.

San Ignazio

Diese Kirche ist von der Piazza del Collegio Romano aus über die Via di S. Ignazio erreichbar. Bemerkenswert ist das Deckengemälde von Andrea Pozzo (ab 1685): In bewegter Barock-Darstellungsweise öffnet eine illusionistisch gemalte Architektur den Raum zum Himmel hin; dort schwebt der heilige Ignazius von Loyola dem in entrückter Höhe erscheinenden Christus entgegen. An den Längsseiten des Bildes sind die vier Erdteile durch allegorische Figurengruppen vergegenwärtigt, ein Hinweis auf die weltweite Missionstätigkeit der Jesuiten.

Beim Verlassen der Kirche lohnt es sich, ein wenig zu verweilen und den Vorplatz zu betrachten, der von den Stufen aus wie eine Kulisse für die Commedia dell'arte wirkt und als ein herausragendes Beispiel barocker Platzgestaltung gilt.

Fontana di Trevi

Rechts führt die Via di Montecatini zum Corso zurück. Nach dessen Überquerung ist nun durch die Via delle Muratte der Trevibrunnen erreichbar, der in den Jahren 1732 bis 1751 an einer Seite des Palazzo Poli errichtet wurde. Zwei große von Tritonen gelenkte Pferde ziehen eine überdimensionale Muschel, auf der der Wassergott steht. Die Figurengruppe wird von Wassermassen umspielt, die in ein geschwungenes Becken stürzen. Der Platz vor dem Trevibrunnen ist immer belebt. Ein alter Brauch besagt, dass diejenigen, die eine Münze rückwärts über die Schulter ins Wasserbecken werfen, angeblich mit einer Wiederkehr in die Ewige Stadt rechen dürfen. Mit der Fontana di Trevi korrespondiert sehr harmonisch die gegenüberliegende Barockfassade der kleinen Kirche Santi Vincenzo e Anastasio (17. Jh., von Martino Longhi d. J.). Hierdurch gewinnt der Platz eine in sich stimmige Gestalt. Nicht weit entfernt – an der Piazza Pilotta – befindet sich die bedeutende, unter der Leitung der Jesuiten stehende Päpstliche Universität Gregoriana.

Piazza Colonna und Palazzo Chigi

Vom Trevibrunnen führt die Via dei Crociferi zurück zur Via del Corso. Auf der gegenüberliegenden Straßenseite befindet sich rechts die Piazza Colonna. Im Zentrum des Platzes erhebt sich die *Marc-Aurel-Säule*. Sie wurde in den achtziger Jahren des 2. Jahrhunderts errichtet. Das spiralenartig aufsteigende Relief stellt die Kriegstaten Marc Aurels (Kaiser von 161 bis 180 n. Chr.) dar, zu dessen Ehren das Monument geschaffen wurde. Papst Sixtus V. krönte die Säule 1588 mit einer Statue des Apostels Paulus.

Im Norden ist der Platz durch den *Palazzo Chigi* begrenzt. Das Adelsgeschlecht, das dem Palast den Namen gab, war in Siena ansässig. Mit Fabio Chigi, dem späteren Alexander VII., kam ein bedeutendes Mitglied der Familie nach Rom. Als Papst (Amtszeit 1655–1667) war er ein großer Förderer Berninis. Obwohl Alexander zu Beginn seines Pontifikats den Nepotismus ablehnte, rief er schließlich doch einige Verwandte nach Rom, um sie zu fördern und ihnen Ämter zu übertragen. Unter ihnen war auch sein Neffe Agostino Chigi; er erwarb 1659 den Palast an der Piazza Colonna, der in den Jahren 1580 bis 1630 im Auftrag der Familie Aldobrandini errichtet worden war. Die Fassade des Gebäudes lässt erkennen, dass zwischen dem zweiten und dritten Stockwerk ein niedrigeres Zwischengeschoss eingefügt ist. Zusammen mit der Aufstockung über dem Kranzgesims ergibt sich der Eindruck eines mächtigen Gebäudes; zu seinem repräsentativen Charakter tragen auch die Gestaltungselemente der Fassade bei: Die Erdgeschossfenster ruhen auf Konsolen, die von Voluten gestützt sind; der Eingang ist besonders hervorgehoben; die Fenster des ersten Stocks sind abwechselnd mit Dreiecks- und Kreissegmentgiebeln versehen; und Gesimse verleihen der Fassade eine horizontale Gliederung. Der 1917 vom italienischen Staat angekaufte Palazzo Chigi ist heute Amtssitz des italienischen Ministerpräsidenten.

Palazzo di Montecitorio

In unmittelbarer Nähe befindet sich im Palazzo di Montecitorio die Abgeordnetenkammer, das italienische Parlament. Die dem Gebäude vorgelagerte Piazza di Montecitorio ist mit einem Obelisken geschmückt, den Augustus aus Heliopolis nach Rom bringen und neben der Ara Pacis, seinem großen Friedensaltar, aufstellen ließ. Dort entstand im Auftrag des Kaisers eine große Sonnenuhr; sie bestand aus einem Platz, der ein beschriftetes Liniennetz enthielt. Der Obelisk war so aufgestellt, dass sein Schatten über die Linien fuhr und so die Stunden abgelesen werden konnten. Die Ara Pacis stand im Altertum nicht weit von der heutigen Piazza Colonna entfernt und erhielt erst in späterer Zeit ihren jetzigen Standort in der Nähe des Tibers. Der Palazzo di Montecitorio wurde von Bernini begonnen, aber erst 1694 von Carlo Fontana unter Innozenz XII. vollendet. Der Papst gab dem ursprünglich als Privathaus der Familie Ludovisi geplanten Bauwerk eine neue Bestimmung: Er brachte hier die Tribunale, die Gerichtshöfe der päpstlichen Kurie, unter. 1871 zog das Parlament des neu gegründeten Königreichs Italien in den Palast ein. Die Fassade zur Piazza di Montecitorio ist durch Gesimse horizontal gegliedert. Die Mittelzone tritt etwas zum Platz hin hervor und wird durch das große Portal mit dem von Säulen gestützten Balkon sowie durch den Uhrturm besonders betont.

Palazzo di Propaganda Fide

Von der Via del Corso – in Richtung Piazza del Popolo – zweigt rechts die Via della Vite ab, die zum Palazzo di Propaganda Fide führt. Dieser große Gebäudekomplex entstand im 17. Jahrhundert für die 1622 gegründete päpstliche Zentralstelle der Missionsarbeit, die Congregatio de Propaganda Fide (Kongregation für die Verbreitung des Glaubens). Mit dem Wandel des Missionsverständnisses durch die Jahrhunderte haben sich auch die Aufgaben dieser päpstlichen Behörde geändert. Inzwischen heißt sie Congregatio pro Gentium Evangelizatione (Kongregation für die Evangelisierung der Völker). Sie hat ihren Sitz jedoch bis auf den heutigen Tag im Palazzo di Propaganda Fide. Der Palast reicht bis zur Piazza di Spagna; zu diesem Platz hin besitzt er eine von Bernini gestaltete schmale Fassade. Davor erhebt sich die mit einer Marienstatue gekrönte Säule, die anlässlich der Verkündigung des Dogmas von der Unbefleckten Empfängnis (1854) hier aufgestellt wurde.

Piazza di Spagna und Spanische Treppe

Die längliche und unregelmäßig begrenzte Piazza di Spagna erstreckt sich vom Palazzo di Propaganda Fide aus noch weiter nach Norden, wo sie mit einem Brunnen geschmückt ist, der die Form eines gestrandeten Schiffes hat: die *Barcaccia* – eine Erinnerung daran, dass der Tiber einmal bei einer Überschwemmung diese Stelle erreicht hatte und dadurch eine Barke bis hierhin gelangt war.

Nach Westen zweigt von hier die Via Condotti ab mit ihren noblen Modegeschäften. In dieser Straße befindet sich auch das berühmte *Antico Caffè Greco,* ein traditionsreiches Haus, in dem bereits Goethe, Wagner, Liszt und andere Persönlichkeiten zu Gast waren.

Zur östlichen Seite hin öffnet sich die Piazza di Spagna zur grandiosen *Spanischen Treppe,* im 18. Jahrhundert nach Plänen des Architekten Francesco de Sanctis angelegt, um den Platz mit der bereits im 16. Jahrhundert vollendeten Kirche *Trinità dei Monti* zu verbinden. Die Aufgabe, zwischen der unregelmäßig geformten Piazza und der schräg zu ihr stehenden Kirchenfassade eine Verbindung zu schaffen, ist meisterhaft gelöst. Geschwungene Treppenabschnitte wechseln mit Terrassen ab. Die Stufen scheinen sich teils auszudehnen, teils zusammenzuziehen und erwecken dadurch den Eindruck ständiger Bewegung. Wer hinaufsteigt, wird immer wieder zum Verweilen eingeladen; er kann dem Treiben auf der Piazza zusehen oder hinaufschauen zur Fassade von Trinità dei Monti, vor der ein zentral aufgestellter Obelisk den Blick auf sich zieht. So wird diese Treppenanlage zu einem Ereignis, in der Bewegung und Ruhe sich gegenseitig ablösen. Wie die Musik des Rokoko wirkt sie galant-tänzerisch und leicht-beschwingt.

Es gibt nun zwei Wege zur Piazza del Popolo, dem Ziel des hier beschriebenen Spaziergangs: von der Kirche Trinità dei Monti über den Pincio (von diesem Hügel bietet sich ein großartiger Blick bis hinüber zur Peterskirche) oder von der Piazza di Spagna durch die Via del Babuino, was noch einen kurzen Besuch des Museo di Goethe, des Goethehauses, erlaubt.

Museo di Goethe

Das Goethehaus liegt an der Ecke der Via del Corso und der Via della Fontanella. Während seiner Italienreise (1786–1788) weilte Goethe zweimal in der Ewigen Stadt. Sein Leben und seine Dichtung wurden wesentlich von diesen Aufenthalten beeinflusst. In dem Haus, in dem Goethe logierte, entstand später ein kleines Museum; vor einigen Jahren wurde es renoviert und erweitert.

Piazza del Popolo und Santa Maria del Popolo

Diese grandiose Platzanlage bildet den Abschluss der Via Flaminia, der von Norden kommenden Einfallstraße. Die ellipsenförmige Piazza ist streng symmetrisch gestaltet: Die Mitte nimmt ein Obelisk ein, der von Wasser speienden Löwen umgeben ist. Mit Statuen geschmückte Rampen bilden die seitlichen Begrenzungen zum Monte Pincio und in Richtung auf den Tiber zu. Zwei gleichgestaltete Kirchen flankieren die Via del Corso, die von hier in die Stadt führt. Carlo Rainaldi lieferte die Entwürfe für diese mit kleinem Glockenturm versehenen Kuppelbauten Santa Maria dei Miracoli und Santa Maria in Montesanto.

Nach Norden zu wird der Platz durch die *Porta del Popolo* begrenzt, durch die die Via Flaminia hindurchführt. An der Ecke, an der diese Straße in die Piazza einmündet, steht die Kirche *Santa Maria del Popolo*. Sie wurde unter Sixtus IV. (1471–1484) von Baccio Pontelli und Andrea Bregno an der Stelle eines Vorgängerbaus errichtet. Bramante erweiterte die Apsis, Bernini überarbeitete den gesamten Innenraum im barocken Stil. Die Kapellen der beiden Seitenschiffe sind teilweise von herausragenden Künstlern gestaltet. Der umbrische Maler Bernardino Pinturicchio – er lebte von 1454 bis 1513 – schuf das Altarbild „Anbetung des Kindes“ in der Cappella della Rovere (vom Eingang rechts), die Fresken in dieser Kapelle sind ein Werk seiner Schule. Raffael entwarf die Cappella Chigi (zweite Kapelle links); sie ist von einer Kuppel überwölbt, deren Mosaiken – nach Entwürfen Raffaels – Gottvater im Firmament zwischen den personifizierten Planeten zeigen. In der Cappella Cerasi (links neben der Hauptapsis) befinden sich zwei Hauptwerke des seit etwa 1590 in Rom tätigen Malers Caravaggio: „die Kreuzigung

Petri" und „die Bekehrung Pauli". Der Künstler stellt je einen dramatischen Moment im Leben der beiden Apostel dar. Das Geschehen wird jeweils auf wenige Personen konzentriert, die die Lichtführung aus dem dunklen Hintergrund pointiert hervortreten lässt. Bei der Kreuzigung Petri ist das Kreuz, an dem der Apostel angeheftet ist, besonders hervorgehoben; es ist diagonal ins Bild gebracht, und drei rohe Schergen richten es auf. Bei der Bekehrung Pauli lenkt das Licht den Blick auf den am Boden liegenden Saulus; es streift das Pferd und den Begleiter und scheint von oben herabzufallen, wodurch der Augenblick der Berufung wörtlich ins Bild gesetzt wird: „Da umstrahlte ihn plötzlich ein Licht vom Himmel" (Apg 9,3). In der *Hauptapsis* fällt zunächst das Altarbild auf: eine altehrwürdige Mariendarstellung des 13. Jahrhunderts. Das Chorgewölbe hat Bernardino Pinturicchio ausgemalt. Es zeigt im Zentrum die Krönung Mariens, umgeben von Sibyllen und Evangelisten. Die relativ gut erhaltenen Fresken geben einen hervorragenden Eindruck von der freundlichen Farbgebung der umbrischen Malerei.

Die *Via Flaminia* war bereits in der Antike eine der großen Überlandstraßen, die der Erschließung des Imperium Romanum diente; sie war die Zufahrtsstraße aus den nördlichen Teilen des Reiches. In späteren Zeiten trafen auf ihr die unzähligen Wallfahrer aus dem Europa nördlich der Alpen ein. Wieviele erschöpfte Pilgerinnen und Pilger mögen an der Porta del Popolo aufgeatmet und Gott gedankt haben, endlich ans Ziel gekommen zu sein.

Das unterirdische Rom: Die Katakomben

Eingang zu einer Katakombenanlage

Oft hinterlassen die unterirdischen Begräbnisstätten der frühen Christenheit bei Pilgern und Touristen den nachhaltigsten Eindruck. Darum sollte man bei keinem Romaufenthalt die Mühe scheuen, vor die Stadttore hinauszufahren und in die höhlenartigen Räume und Gänge hinabzusteigen. Werner Bergengruen schreibt in seinem schon zitierten „Römischen Erinnerungsbuch“: „Wer Gelegenheit hatte, durch die Katakomben nicht nur im Strom der Besucher und Betrachter hindurchgeführt, sondern in eine lebendigere Beziehung zu ihnen gestellt zu werden, der wird ein solches Erlebnis zu den Kostbarkeiten seiner Erinnerung rechnen. Ich gedenke des feierlichen Gottesdienstes am Cäcilientage vor dem Grabe dieser Blutzeugin in den Katakomben von San Callisto. [...] Unter der Erde, im Licht der Kerzen, im engen Raum, in der Nachbarschaft der Papstgräber aus Verfolgungszeiten vollzog sich die geheimnisvolle Handlung, und welchen Klang hatten die Worte des Evangeliums von den klugen und törichten Jungfrauen und ihren ölgefüllten Lampen an diesem Orte, an dem von jeher die ölgefüllten Tonlämpchen in Gebrauch gewesen sind!"

Geschichte

Bereits die Etrusker kannten unterirdische Begräbnisstätten. In Rom griffen insbesondere die Christen, aber auch die Juden auf diese Begräbnismöglichkeit zurück; Grund hierfür dürfte die Raumnot auf den oberirdischen Gräberfeldern gewesen sein. Da die Christen und Juden die Feuerbestattung ablehnten, benötigten ihre Grabanlagen mehr Platz als die der Heiden. Wie alle Friedhöfe, so lagen auch die Katakomben außerhalb der Mauern Roms, weil die Bestattung im Stadtinneren gesetzlich verboten war. Der Tuff des römischen Umlandes ist ein weiches Gestein, das sich sehr gut zum Graben von Stollen und höhlenartigen Räumen eignet. Der Begriff „Katakomben" für die unterirdischen Begräbnisanlagen entstand erst später; in der Antike verwendeten die Christen für sie – genauso wie für die oberirdischen Friedhöfe – die Bezeichnung „Coemiterium".

Die Anfänge der Katakombenbestattung in Rom werden gegen das Ende des 2. Jahrhunderts datiert. Im Laufe der folgenden Jahrhunderte entstand ein weitverzweigtes Netz unterirdischer Stollen und Räume. Weil dort auch Märtyrer beigesetzt wurden, entwickelten sich einige Katakomben zu häufig besuchten Wallfahrtszielen, so dass man sie seit dem 4. Jahrhundert zu unterirdischen Gedenkstätten umwandelte (Verschönerung der Gräber, Verbreiterung der Durchgänge usw.). Bisweilen errichtete man dort auch oberirdische Basiliken für die Märtyrerverehrung.

Allmählich nahm die Anzahl der Katakombenbestattungen wieder ab. Schließlich wurden auch die Wallfahrten weniger. Durch die Verwüstungen der Gotenkriege im 6. Jahrhundert aufgeschreckt, überführte man nämlich nach und nach die Märtyrerreliquien aus Sicherheitsgründen in die Kirchen der Stadt. Im Mittelalter gerieten fast alle Katakomben in Vergessenheit. Als im Zuge der Frömmigkeitserneuerung nach dem Tridentinischen Konzil die Rückbesinnung auf das frühchristliche Rom auflebte, wurden viele unterirdische Begräbnisplätze wiederentdeckt. Die Bestattungsanlage unter der Basilika San Sebastiano fuori le mura war während des gesamten Mittelalters nicht in Vergessenheit geraten, so übertrug man seit dem 16. Jahrhundert den Ortsnamen dieser Kirche („ad Catacumbas") auf alle nun wiedergefundenen unterirdischen Cömiterien und bezeichnete sie als Katakomben.

Leider verfiel man dem Irrtum, dass es sich bei einer übergroßen Zahl der Bestatteten um Märtyrer handele. Teils mit, teils ohne päpstliche Erlaubnis wurden Gräber geöffnet und die Gebeine dieser „Katakombenheiligen" als Reliquien in Kirchen der ganzen Welt verteilt. Erst als die christliche Archäologie des 19. Jahrhunderts dies als Unsitte hinterfragte, konnte ihr Einhalt geboten werden.

Die Katakombenkunst

Es gibt zwar auch in anderen Orten Katakomben (beispielsweise in Neapel und auf Malta), aber nirgendwo sind sie derart ausgedehnt und für eine Stadt so charakteristisch wie in Rom. Die Auffassung, in Verfolgungszeiten hätten sie den Christen als Zufluchtsstätten gedient, trifft nicht zu. Wohl hielten die Gläubigen in den unterirdischen Räumen bisweilen die Gedenkfeiern für die Verstorbenen (Refrigerien, vgl. S. 28). In einigen Kammern sind noch Sitze für die Refrigerien zu erkennen. Insbesondere die Gedächtnisversammlungen für die Märtyrer fanden großem Zuspruch, so dass – wie oben schon erwähnt – einige Katakomben ab dem 4. Jahrhundert zur Verehrung dieser Heiligen umgestaltet wurden.

Die unterirdischen Cömiterien Roms sind kunstgeschichtlich von größter Bedeutung, weil sie die ältesten Beispiele christlicher Bildwerke aufweisen – eingemeißelt in die Marmorplatten der Wandgräber oder gemalt auf Wänden und Gewölben. Es würde hier jedoch zu weit führen, alle Motive zu behandeln; um aber einen Einblick in die Katakombenkunst zu bieten, sollen hier wenigstens einige Darstellungen exemplarisch betrachtet werden.

Gern wurden alttestamentliche Szenen gemalt, die meistens den von Gott erretteten Menschen zum Thema haben: Beispielsweise Jona, der zunächst vom Schiff ins Wasser geworfen, dann aber gerettet wird, indem ein großer Fisch ihn verschluckt und schließlich ans Land speit. Oder Noah in der Arche, die ihn mit seiner Familie und den Tieren davor bewahrt, in der großen Flut zu ertrinken. Oder Daniel, der auf wunderbare Weise von den Löwen in der Grube verschont bleibt. Die Errettungen des Alten Testamentes sind Hinweise auf das große Erlösungswerk, durch das Christus den Menschen das wahre Leben gebracht hat.

Der Erlöser selbst, Christus, wird in der Darstellung des „Pastor bonus", des Guten Hirten, repräsentiert. Die Gestalt des Schäfers, der bei seiner Schafherde sitzt oder der ein Lamm auf den Schultern trägt, findet sich auch in der Kunst der heidnischen Antike. Dort tritt er in den Bildern auf, die das idyllische Hirtenleben preisen (Bukolik). Die Christen übernahmen dieses Motiv und gaben ihm in der Grabkunst der Katakomben eine neue Bedeutung. Anknüpfend an das

Gleichnis vom Pastor bonus (Joh 10, 2–18.26–30) wird im Guten Hirten der heilbringende Retter Jesus Christus verkörpert und dadurch die Hoffnung auf ein Leben deutlich gemacht, das über den Tod hinausreicht.

Ein weiteres Motiv, das in der Katakombenmalerei häufig vorkommt, ist die Orante: eine menschliche Gestalt (meist eine Frau), die die Arme ausbreitet und die Hände geöffnet nach oben hält. Die Bedeutung dieser in antiker Gebetshaltung wiedergegebenen Personen ist nicht immer eindeutig. Bisweilen können in ihnen die Verstorbenen gesehen werden, die sich betend Gott zuwenden oder den Erlöser preisen.

In den Priscillakatakomben befindet sich eine Mutter-Kind-Darstellung, die für das älteste Bild der Gottesmutter mit dem Jesusknaben gehalten wird. Über Maria ist ein Stern gemalt, auf den eine seitwärts stehende Person hinweist: offenbar der Prophet Bileam, der weissagt: „Ein Stern geht auf aus Jakob" (Num 24, 17). Häufig ist auch die Anbetung der Weisen dargestellt. Ehrfürchtig schreiten sie zu dem Christuskind, das auf dem Schoß seiner Mutter thront. Die Dreizahl wird noch nicht unbedingt eingehalten; auf einem Bild in den Domitillakatakomben sind es vier Magier, die den Neugeborenen anbeten.

In die Marmorplatten, die die Grabnischen entlang der Wände verschließen, ist außer den Namen der Verstorbenen oft noch ein einfaches Symbol eingemeißelt: ein Anker, eine Taube, ein Palmzweig und anderes. Diese Sinnbilder deuten auf die Hoffnung der Gläubigen hin, die in Christus verankert ist und im jenseitigen, unsterblichen Leben ihre Erfüllung findet.

Somit wird auch bei diesen schlichten Zeichen deutlich, was die gesamte Katakombenkunst ausstrahlt: die Zuversicht der antiken Christenheit, die trotz der Verfolgungen von ungeheurer Kraft und Lebendigkeit war.

Öffentlich zugängliche Katakomben

Nur wenige der römischen Katakomben sind der Öffentlichkeit zugänglich. Die drei größten von ihnen seien hier kurz beschrieben. Für Gruppen, die eine Katakombenanlage besuchen möchten, ist es empfehlenswert, sich vorher anzumelden (Adressen s. *Anschriftenverzeichnis*).

Die Domitillakatakomben

(Via delle Sette Chiese 280)

Dieses Cömiterium wird besonders gerne von deutschsprachigen Besucherinnen und Besuchern aufgesucht, weil die Barmherzigen Brüder aus Trier es betreuen. Zur Katakombenanlage gehört oberirdisch auch die Basilika der heiligen Nereus und Achilles; die dreischiffige Märtyrerkirche wurde in späterer Zeit schwer beschädigt und nicht wieder aufgebaut. Unter einem modernen Überbau können Gruppen heutzutage in dieser Ruinenbasilika die Eucharistie feiern. Die Barmherzigen Brüder unterhalten nebenan ein Pilgerheim mit Möglichkeiten zur Übernachtung und Verpflegung von Gruppen und Einzelpersonen.

Die Bezeichnung „Domitillakatakomben" entstammt dem Namen der Grundstückseigentümerin, die ihr Gelände für das Cömiterium zur Verfügung gestellt hatte. Domitilla gehörte zum Geschlecht der Flavier, aus dem auch mehrere Kaiser hervorgegangen sind (Vespasian u. a.). Eine Gruft dieser Familie bildete den Ausgangspunkt für die Katakombenanlage.

Die Priscillakatakomben

(Via Salaria 430)

Über die Frau, die dieser Katakombenanlage den Namen gab, ist nichts bekannt. Möglicherweise war Priscilla Mitglied der Familie der Acilier, die hier eine Villa besaßen. Zum Cömiterium gehörte in späterer Zeit auch eine Basilika, in der Papst Silvester I. beigesetzt war. Diese Kirche existiert jedoch nicht mehr.

Obwohl an einer stark befahrenen Straße gelegen, bleibt das Priscillacömiterium vom touristischen Andrang weitgehend verschont und ist deswegen besonders für Ruhe suchende Besucherinnen und Besucher interessant. Benediktinerinnen betreuen die Katakombenanlage. Die Schwestern laden die Gläubigen auch zur Mitfeier des Chorgebetes ein. Ihr Kloster gilt als Oase der Stille neben der verkehrsreichen Via Salaria.

Die Calixtuskatakomben

(Via Appia Antica 110)

Bevor Calixtus im Jahre 217 Bischof von Rom wurde, war er Verwalter des Cömiteriums, das nach ihm benannt ist. Diese Katakombenanlage ist von historischem Interesse, weil in ihr ein großer Teil der römischen Bischöfe aus dem 3. Jahrhundert bestattet wurde. Auch die heilige Cäcilia, deren Gebeine sich heute in ihrer Kirche Santa Cecilia (Trastevere) befinden, war hier beigesetzt worden.

Abschied von Rom

Statt eines Abschiedsworts an Rom sei nochmals Werner Bergengruen zitiert. In seinem „Römischen Erinnerungsbuch“ denkt er darüber nach, was Rom für die Besucherinnen und Besucher bedeutet:

„Und wie die Alten vom Zeus von Otricoli sagten, wer einmal sein Angesicht gesehen habe, der könne in seinem Leben nie wieder ganz unglücklich werden, so möchte ich meinen, wem ein römischer Aufenthalt beschieden war, dem müßte es unmöglich sein, ganz so weiterzuleben, als sei nichts geschehen, und in einer hergebrachten Gesinnung seine Geschäfte zu fördern.“

ASSISI

Einstimmung auf Assisi

Häufig planen Gruppen auf ihrer Romreise einen Aufenthalt in Assisi ein. Empfehlenswert ist es, den Besuch dieses Ortes ans Ende der Reise zu legen. Das beschauliche Umbrien bietet Entspannung nach der Unruhe, die ein Besuch der Ewigen Stadt mit sich bringt, und das Erlebnis, ein wenig den Spuren der sympathischen Franziskus und Klara gefolgt zu sein, wird nachhaltig in Erinnerung bleiben. Es wird gut tun, in einer der kleinen Kirchen zu verweilen, das Beten dort fällt nicht schwer. Zum rechten Erleben der Stadt gehören die vielen kleinen Gassen, wo man fern aller Hektik zwischen uralten Gemäuern herumschlendern kann. Und viel Schönheit der Natur wird denen geschenkt, die sich die Zeit zu kleinen Wanderungen in der Umgebung der Stadt nehmen können.

Hier werden vorwiegend Stätten dargestellt, an denen Klara und Franziskus gelebt und gewirkt haben. Um das Erlebte aber besser verstehen und einordnen zu können, sei wenigstens ein kurzer Abriss über das Leben und Wirken der beiden Heiligen vorangestellt.

Geschichtlicher Überblick

Archäologische Funde lassen eine Besiedlung bereits in vorrömischer Zeit vermuten. Wahrscheinlich im Jahr 89 v. Chr. wurde der Ort römisches Municipium (Stadt), nachdem sich die Einwohner den Römern angeschlossen hatten. Das römische Assisium – so wurde es in der Antike genannt – war von einem Mauerring umschlossen und besaß an der Stelle der heutigen Piazza del Comune einen Kultbezirk, von dem der Minervatempel (jetzt Kirche Santa Maria sopra Minerva (vgl. S. 183) noch heute Zeugnis gibt. Sehr wahrscheinlich kam bereits vor 325 das Christentum nach Assisi. Als erster Bischof wird der Märtyrer Rufinus genannt, über dessen Leben sich aber nichts Genaues nachweisen lässt und dessen Todesdatum (238) als unsicher zu gelten hat. Er ist Stadtpatron, und die Kathedrale trägt seinen Namen (San Rufino, s. S. 181 ff.).

Nach dem Untergang des Römischen Reiches gab es mehrmals einen Herrschaftswechsel, bis 1160 Friedrich Barbarossa die Stadt direkt der Kaiserkrone unterstellte. Nachdem die Bürger 1198 die Burg (Rocca Maggiore) gestürmt und dadurch die Herrschaft der Deutschen beendet hatten, wurde die Stadt freie Comune. Das neue Selbstbewusstsein wurde jedoch bald schon durch innere Machtkämpfe und von außen anstürmende Gefahren erschüttert. 1202 wurde Assisi von Perugia besiegt. Bei dieser Schlacht geriet der damals noch junge Kaufmannssohn Franziskus in Gefangenschaft – ein Ereignis, das seinen inneren Wandel vorbereitete (vgl. S. 173).

Bald nach dem Tod des Heiligen begann der Bau der mächtigen Basilika San Francesco, die zusammen mit der Grabeskirche der heiligen Klara das Stadtbild bedeutend veränderte: Von der umbrischen Ebene aus betrachtet, wirkt Assisi nun breiter und gestreckt, wobei die beiden Kirchen die Eckpunkte betonen. Das 13. Jahrhundert brachte eine Periode kultureller und wirtschaftlicher Blüte. In der folgenden Zeit litt die Stadt jedoch zunehmend an den Machtkämpfen, die sich einflussreiche Familien untereinander lieferten; außerdem suchte die Pest die Bevölkerung heim. Der Heimatort des heiligen Franziskus hatte also Schweres durchzustehen, und die Bevölkerungszahl nahm deutlich ab. Nachdem das Papsttum schon mehrmals seinen Einfluss geltend gemacht hatte, wurde Assisi im 15. Jahrhundert auf Dauer dem Kirchenstaat einverleibt. Die Stadt erholte sich aber nur schwer von den Schäden, die ihr die Familienkämpfe zugefügt hatten. Als Napoleon die französische Herrschaft über Italien ausbreitete, plünderten 1808 seine Truppen die Kirchen Assisis. Nach der Gründung des Königreichs Italien (1861), dem auch Umbrien eingegliedert wurde, und durch das Interesse an mittelalterlicher Kultur und Kirchengeschichte in der Zeit der Romantik begann dann aber geradezu eine Wiedergeburt Assisis: 1818 hatte man bereits das Grab des heiligen Franziskus wiederentdeckt, 1850 das der heiligen Klara. Die Wallfahrten nahmen zu. Es mussten neue und größere Gästehäuser gebaut werden; leider entstanden auch mehrere große Hotelbauten, die nicht gut ins Stadtbild passen. Im Zweiten Weltkrieg blieb Assisi glücklicherweise verschont, weil es zur Lazarettstadt erklärt worden war. Durch den persönlichen Einsatz des Bischofs Placido Nicolini, dem der Diözesanpriester Don Aldo Brunacci und der Franziskaner Rufino Niccacci zur Seite standen, konnte eine große Anzahl Juden versteckt und dadurch gerettet werden. (Diese Begebenheit schildert der sehenswerte Film „Assisi Untergrund".) Unvergesslich bleibt schließlich der 27. Oktober 1986, der Tag der Friedensgebete, zu denen Papst Johannes Paul II. die Vertreter der Weltreligionen nach Assisi einlud. Als jüngstes Ereignis traf das schwere Erdbeben, das im September 1997 große Teile Umbriens heimsuchte, auch die Franziskusstadt. In der Oberkirche von San Francesco kamen damals durch herabstürzende Gewölbeteile vier Menschen ums Leben. Mehrere Fresken wurden zerstört; die aufwendigen Restaurierungen dauerten zwei Jahre. Am 1. Adventsonntag 1999 weihte Kardinal Sodano den Altar in der Oberkirche, die während der Instandsetzung geschlossen war und nun wieder der Öffentlichkeit zugänglich gemacht werden konnte.

Franziskus

Er wurde 1181 oder 1182 in Assisi geboren. Sein Vater, der reiche Tuchhändler Pietro Bernardone, sorgte für eine gute Ausbildung seines Sohnes, der wegen seiner Liebenswürdigkeit und seines Frohsinns stets die Gleichaltrigen seiner Heimatstadt um sich scharte. 1202 nahm Franziskus am Krieg zwischen Assisi und Perugia teil und geriet in Gefangenschaft. Anschließend wurde er krank. Diese Ereignisse erfüllten ihn mit einer inneren Unruhe, die seine bisherigen Werte in Frage stellten. Mit dem Wunsch, Ritter zu werden, brach er daraufhin zum Kreuzzug auf (1205). Aber bereits nach einer kurzen Strecke kehrte er nach Assisi zurück, nachdem ihm in einem Traum deutlich geworden war, dass der Ritterstand nicht der wahre und richtige Weg für ihn sei. In der Folgezeit zog er sich häufig in die Stille und zum Gebet zurück.

In dem verfallenen Kirchlein San Damiano vernahm er eine Stimme, die vom Kreuz zu kommen schien und die ihm auftrug: „Franziskus, geh und stelle mein Haus wieder her, das – wie du siehst – ganz verfallen ist!" Franziskus begriff den Traum als Auftrag, sich ganz persönlich in den Dienst Jesu Christi zu stellen. Seine Abkehr von den weltlichen Vorstellungen, die sein Vater für ihn hatte, führte zum Bruch des Tuchhändlers mit seinem Sohn: Im Beisein des Bischofs gab Franziskus die ganze Habe samt den Kleidern, die er am Leib trug, seinem Vater zurück (1206 oder 1207). Mit einem Einsiedlerhabit bekleidet restaurierte er nun verfallene Kirchen in der Umgebung Assisis (San Damiano, Porziuncola und eine weitere, die nicht mehr bekannt ist). Schließlich wurde ihm deutlich, dass der Auftrag, den er vor dem Kreuz in San Damiano gehört hatte, im übertragenen Sinne zu verstehen war. In der Porziuncolakapelle hörte er das Evangelium von der Aussendung der Zwölf (vgl. Mt 10,1–15). Die Aufforderung Jesu an die Jünger bezog er auf sich: Er legte den Wanderstab beiseite, zog seine Sandalen aus, tauschte den Ledergürtel (in dem damals üblicherweise das Geld aufbewahrt wurde) gegen einen Strick und durchstreifte von nun an predigend das Land. Seine Lebensweise war so überzeugend und beispielhaft, dass sich ihm schon bald Gefährten anschlossen, mit denen er im Jahre 1210 nach Rom reiste, um sich seine Lebensform von Papst Innozenz III. bestätigen zu lassen. Zunächst erfolgte eine mündliche Bestätigung. Die schriftliche Besiegelung lieferte erst die endgültige Ordensregel, die Franziskus 1223 verfasste und die von Honorius III. die päpstliche Anerkennung erhielt; sie besitzt bis auf den heutigen Tag Gültigkeit für die drei Zweige des Ersten Ordens: Franziskaner (*Abk.:* OFM), Franziskaner-Konventualen (*Abk.:* OFMConv) und Kapuziner (*Abk.:* OFMCap).

Grundlegend für die Lebensführung des heiligen Franzikus war seine Liebe zur Armut und seine Hinwendung zum Evangelium, durch dessen Befolgung er in beispielloser Weise Christus ähnlich werden wollte. Sein Leben gestaltete sich aber durchaus vielschichtig. Die Sorge für seine Bruderschaft, die sprunghaft anwuchs und sich rasch ausbreitete, verlangte seine ganze Kraft. Die Porziuncolakapelle (s. S. 204 ff.) wurde der Ort, wo er die Ordensmitglieder regelmäßig zu wichtigen Beratungen versammelte. Erst nachdem er die Ordensleitung einem Mitbruder übertragen hatte – zuerst Petrus Cattani, dann Elias Bombarone –, gewann er den Freiraum, um sich mehr der geistlichen Formung der Gemeinschaft zu widmen. Die endgültige Ordensregel ist in dieser Zeit entstanden; sie gibt den Brüdern zwar auch praktische Anweisungen, vor allem aber ein Programm für die Ausrichtung des Lebens nach dem Evangelium. Bezeichnend für die Haltung des Heiligen ist der Name, den er der Gemeinschaft gab: Ordo Fratrum Minorum, was gewöhnlich mit Minderbrüderorden übersetzt wird. Sein Festhalten an der radikalen

Armut, die frei macht für die Nachfolge des armen Jesus, brachte ihm allerdings auch die Gegnerschaft mancher Mitbrüder ein.

Aus seiner Gottbverbundenheit folgte seine Hinwendung zu allen Geschöpfen: Jede Kreatur nannte er Bruder oder Schwester; er predigte den Vögeln, und in seinem „Sonnengesang" verband er in einzigartiger Weise die Schöpfung mit dem Lob Gottes (vgl. Anhang: *Gedichte und Gebete*). Häufig zog er sich zum Gebet in die Einsamkeit zurück, so dass Thomas von Celano, der die erste Franziskusbiographie verfasste und den Heiligen noch persönlich gekannt hatte, über ihn schreiben konnte: „Er war nicht so sehr Beter, als vielmehr selbst Gebet geworden." 1224 empfing Franziskus auf dem Berg La Verna (Toskana) die Wundmale Christi, die er bis zu seinem Tod an seinen Händen, seinen Füßen und an seiner Seite trug. Er starb 1226 neben der Porziuncolakapelle und wurde zunächst in der kleinen Kirche San Giorgio beigesetzt. 1230 erfolgte die Übertragung seiner Gebeine in die teilweise bereits fertig gestellte Basilika San Francesco.

Klara

1193 oder 1194 wurde Klara als Tochter reicher adeliger Eltern (der Favarone) geboren. In Assisi befindet sich links vor dem Dom San Rufino der Eingang zu einer kleinen Kapelle (leider zeitweise geschlossen), die an die Stelle erinnert, wo einst Klaras Elternhaus stand. Ihre Mutter, die Wallfahrten nach Palästina und Rom unternahm, unterwies das Mädchen eifrig im christlichen Glauben. Schon als Kind fühlte sich Klara den Armen verpflichtet: Bei den Mahlzeiten stellte sie unbemerkt Speisen zur Seite, um sie heimlich Bedürftigen zukommen zu lassen. Das Ansinnen ihrer Eltern und Verwandten, sie zu verheiraten, schlug sie mehrmals mit aller

Entschiedenheit aus. Im Jugendalter fiel sie durch Klugheit und gutes Aussehen auf.

Ohne dass sie es nach außen zeigte, bewegte sie aber innerlich das Lebensideal des Franziskus: Armut und ein Leben nach dem Evangelium. Deshalb entschloss sie sich, auf alles zu verzichten, was ihr auf Grund ihrer Herkunft zustand: Reichtum, Besitz, Ansehen usw. In der Nacht von Palmsonntag auf den Montag der Karwoche des Jahres 1211 oder 1212 verließ sie heimlich das Elternhaus und begab sich zur Porziuncolakapelle. Franziskus, der sie dort mit seinen Gefährten schon erwartete, schnitt ihr die Haare ab und bekleidete sie mit dem Ordensgewand als Zeichen dafür, dass sie fortan Christus gehöre und sich in den Dienst seines Evangeliums stelle. Zunächst fand Klara Aufnahme im Benediktinerinnenkloster San Paolo bei Bastia. Vergebens versuchte ihr Vater, sie von dort nach Hause zurückzuholen. Nach einiger Zeit siedelte Klara in eine Schwesterngemeinschaft bei Sant' Angelo in Panzo um. Hier schloss ihre leibliche Schwester Agnes sich ihr an. Aber weder das reiche Kloster San Paolo noch die Gemeinschaft in Panzo entsprachen offenbar ihren Vorstellungen eines vollkommenen Lebens im Geist des Evangeliums, so dass sie schließlich mit Agnes nach San Damiano (vgl. S. 201 ff.) übersiedelte; neben dieser kleinen Kirche hatte Franziskus für sie ein bescheidenes Gebäude errichten lassen. Immer mehr Frauen schlossen sich der Lebensweise Klaras an, so dass sich schon bald in San Damiano eine Gemeinschaft bildete. Die Schwestern wurden damals als Damianitinnen bezeichnet; der Name „Klarissen" entstand erst später. Sie führten ein sehr kontemplatives Leben in Schweigen und Gebet.

Weil die rasch wachsende Gemeinschaft eine feste Struktur benötigte, reichte die ihr von Franziskus in wenigen Worten aufgeschriebene „Lebensform" (Forma vivendi) nicht mehr aus: Es bedurfte einer eigenen Ordensregel. Zunächst wurde die Lebensweise der Benediktinerinnen für die Damianitinnen bindend. Das benediktinische Armutsverständnis entsprach aber nicht Klaras Vorstellungen: Sie wollte weder festen Grundbesitz noch gesicherte Einkünfte haben. Weil sie sich offenbar von verschiedenen Seiten gedrängt fühlte, ihr Armutsideal aufzugeben und sich wirtschaftlich abzusichern, wandte sie sich an Innozenz III. und bat den Papst, ihrer Gemeinschaft die Erlaubnis zu geben, ohne Besitz und feste Einkünfte zu leben. Der Papst gewährte ihr dies 1215 (oder 1216?) als Privileg („Privilegium Paupertatis"). Klaras eigentlicher Wunsch aber, nämlich der Ordensgemeinschaft eine eigene Verfassung zu geben, fand lange nicht die Zustimmung der Päpste. Erst am 9. August 1253 (zwei Tage vor ihrem Tod) wurde die von ihr aufgestellte Ordensregel, die stark franziskanisch geprägt ist, von Innozenz IV. bestätigt; hierzu erschien der Papst persönlich in San Damiano an Klaras Krankenbett.

Klara erwies sich als ebenso einfühlsam wie tatkräftig. Ihre Einfühlungsgabe zeigte sich nicht zuletzt „ihren" Schwestern gegenüber. Denjenigen, die das strenge Ordensleben nicht halten konnten, erlaubte sie eine gemilderte Lebensweise. Sie selbst begegnete den Schwestern stets als demütige Magd, auch als sie das Amt der Äbtissin innehatte. Dass sie tatkräftig sein konnte, wurde besonders in der Unerschrockenheit deutlich, mit der sie den Sarazenen entgegentrat. Durch Klaras Gebet zu Christus im eucharistischen Sakrament sollen die Feinde vertrieben worden sein. (In der Kunst ist deswegen die Monstranz Klaras Attribut.)

Franziskus blieb Klara in ihren geistlichen Anliegen eng verbunden. Diese Gemeinsamkeit drückt sich in den beiden Ordensregeln aus, die jeweils mit dem gleichen Wortlaut beginnen, nämlich die Lebensweise der Brüder beziehungsweise Schwestern sei es, „unseres Herrn Jesu Christi heiliges Evangelium zu beobachten". Außerdem ist den beiden Heiligen das Armutsideal gemeinsam; es erwuchs aus der Treue zu Jesus, der als Neugeborener arm in einer Krippe lag und am Kreuz nackt und besitzlos starb. Kurz vor seinem Tod ermutigte Franziskus Klara und die Schwestern ihrer Gemeinschaft, von dieser Grundhaltung nicht abzuweichen, indem er als geistiges Vermächtnis folgende Worte an sie richtete: „Ich, der ganz kleine Bruder Franziskus, will dem Leben und der Armut unseres höchsten Herrn Jesus Christus und seiner heiligsten Mutter nachfolgen und darin bis zum Ende verharren. Und ich bitte euch, meine Herrinnen, und gebe euch den Rat, ihr möchtet doch allezeit in diesem heiligsten Leben und in der Armut leben."

Am 11. August 1253 starb Klara nach langer Krankheit (seit 1224 etwa war sie bettlägrig). Ihr Leichnam wurde zunächst in San Giorgio beigesetzt und 1260 in die Basilika Santa Chiara, die anstelle von San Giorgio neu errichtet worden war, überführt (vgl. S. 180 f.). Die Schwestern von San Damiano zogen in das neben Santa Chiara neu erbaute Konventsgebäude und nahmen dorthin das Kreuzbild mit, von dem herab Franziskus die Stimme vernommen hatte. Heute noch wird es in einer Seitenkapelle der Basilika aufbewahrt.

Von Santa Chiara nach San Francesco

Die Piazza del Comune

- *Santa Chiara*
- *San Rufino*
- *Piazza del Comune*
- *Chiesa Nuova und Stalletta*
- *Santa Maria Maggiore*
- *Abtei San Pietro*
- *Basilica di San Francesco*

Assisi erstreckt sich längs eines Abhangs, der dem Monte Subasio vorgelagert ist. Die Grabeskirchen der Heiligen Klara und Franziskus bilden die beiden äußeren Punkte des Stadtbildes, wie es von der Umbrischen Ebene aus gut zu sehen ist.

Die hier beschriebene Wanderung durch Assisi beginnt vor der Porta Nuova, wo sich ein Parkplatz befindet und wo es für den Linienbus, der von Santa Maria degli Angeli und vom Bahnhof kommt, eine Haltestelle gibt. Wenn man das Stadttor durchschritten hat, erreicht man über die Via Borgo Aretino die Piazza Santa Chiara. Von der Brüstung dieses Platzes aus bietet sich ein weiter Blick über die Umbrische Ebene.

Santa Chiara

Die Fassade: Die Schmalseite der Piazza Santa Chiara wird von der Klarakirche (begonnen 1257, geweiht 1265) eingenommen. Durch die weit ausladenden seitlichen Bögen (rechts in das Klostergebäude integriert) wirkt die Fassade eher breit als hoch. Zu diesem Eindruck trägt auch der Wechsel von roten und weißen Steinlagen bei, durch die die Eingangswand der Kirche horizontal gegliedert ist. Über dem schlichten Portal öffnet sich ein Rosettenfenster, das mit strahlenförmig angeordneten, fein gearbeiteten Säulchen verziert ist. Der flache Giebel enthält ein kleines, schmuckloses Rundfenster. Die Basilika wird überragt von dem hohen Glockenturm mit spitzem Helm.

Der Innenraum: Der einschiffige Innenraum besitzt ein Querhaus und eine polygonale Apsis. Über dem Hauptaltar ist ein sehr ausdrucksstarkes gemaltes Kruzifix aus der zweiten Hälfte des 13. Jahrhunderts angebracht. Der malerische Wandschmuck des Langhauses ging bis auf wenige Teile verloren. Dies mag bedauerlich sein, verleiht dem Raum aber den Eindruck würdevoller Schlichtheit, die dem Armutsideal Klaras sehr nahe kommt.

Das Kreuzbild aus San Damiano: Vom Haupteingang aus rechts befindet sich eine Kapelle, in der das Kreuzbild aus San Damiano aufbewahrt wird. An der Rückwand des Raumes erläutern die Schwestern Gegenstände, die an Klara und Franziskus erinnern. Das Kreuzbild ist das Original, das bis zur Übersiedlung der Klarissen in dem Kirchlein San Damiano hing. Dort betete einst Franziskus in einer Zeit des Suchens nach seiner eigenen Berufung (1205/1206): „Höchster, glorreicher Gott, erleuchte die Finsternis meines Herzens und schenke mir rechten Glauben, gefestigte Hoffnung und vollendete Liebe. Gib mir, Herr, das rechte Empfinden und Erkennen, damit ich deinen heiligen und wahrhaften Auftrag erfülle." In dieser Zeit innerer Sammlung vernahm er von dem Kreuzbild in San Damiano eine Stimme: „Geh und stelle mein Haus wieder her..." Dieser Auftrag wurde bestimmend für sein ganzes Leben (vgl. S. 173).

Neben dem Raum des Damianokreuzes befindet sich die Sakramentskapelle. Sie ist dem Gebet vorbehalten und sollte nur schweigend betreten werden. Ihr Freskenschmuck stammt aus dem 14. Jahrhundert.

Das Grab der heiligen Klara: Vom Langhaus aus führt eine Treppe in die Krypta; dieser unterirdische Raum wurde angelegt, nachdem man 1850 den Leib der heiligen Klara entdeckt hatte. Der jetzt leere Sarkophag ist über eine Treppe in der Mitte der Krypta erreichbar. Der Leib der heiligen Klara hingegen wird in einem gläsernen Sarg aufbewahrt. Der Leichnam ist mit dem Ordensgewand bekleidet, Hände und Gesicht sind mit Wachs überzogen.

Rechts von der Kirche erstreckt sich das Konventsgebäude der Klarissen; es ist das direkte Nachfolgekloster von San Damiano.

San Rufino

An der Längsseite der Piazza Santa Chiara liegt hinter einem Torbogen eine Gasse, von der aus Treppen zur Kathedrale San Rufino hinaufführen. Dabei muss die Viale Galeazzo Alessi überquert werden, auf der an Samstagen vormittags der Wochenmarkt abgehalten wird.

Der Kirchenfassade ist die Piazza San Rufino vorgelagert. Aus einer alten Urkunde geht hervor, dass sich an der linken Seite das *Elternhaus der heiligen Klara* befand. Es steht heute nicht mehr, aber eine kleine Kapelle (leider zeitweise geschlossen) erinnert daran. Der Dom San Rufino wurde ab 1140 im romanischen Stil erbaut und ersetzte damit einen Vorgängerbau, von dem noch der imposante *Glockenturm* (links der Fassade) und die Krypta (unter der Piazza, Zugang an der rechten Platzseite) erhalten sind.

Die *Fassade* enthält drei reich verzierte Portale, über denen eine Säulenarkade verläuft. Oberhalb davon öffnen sich drei Rosettenfenster, deren mittleres – das größere – von den geflügelten Wesen der Apokalypse (Mensch, Stier, Löwe, Adler) umgeben ist. Der schwere Giebel wird von einer großen spitzbogigen Blende beherrscht.

Der dreischiffige *Innenraum* hat durch die Veränderungen während des 16. Jahrhunderts den mittelalterlichen Charakter verloren. Die Vierung gleicht nunmehr einem weiträumigen Oktogon, in dessen Zentrum der Altar mit den Gebeinen des heiligen Rufinus steht. Von hier aus öffnet sich eine weite Apsis mit einem bemerkenswerten Chorgestühl aus dem 16. Jahrhundert (Intarsienarbeit). Links vor der Apsis ist der Zugang zu einer kleinen Kapelle mit einer Pietà, von der gesagt wird, sie habe im Jahre 1494 Tränen vergossen. (Die Skulptur wurde 1982 gestohlen und ist nun durch eine Kopie ersetzt worden.) Im rechten Seitenschiff befindet sich neben dem Portal der *Taufbrunnen*, über dem Franziskus und Klara, möglicherweise auch der Stauferkaiser Friedrich II., getauft wurden. Die *Sakramentskapelle* (Zugang vom rechten Seitenschiff aus) ist vollständig im barocken Stil ausgestattet. Die bildlichen Darstellungen sind dem Alten und Neuen Testament entnommen und beziehen sich teilweise auf die

Eucharistie (beispielsweise die Ernte des Manna in der Wüste). Im hintersten Joch des linken Nebenschiffs befindet sich der Zugang zu einer Zisterne aus der Römerzeit; über ihrem Tonnengewölbe wurde im Mittelalter der Glockenturm errichtet. Der Dom San Rufino besitzt ein sehenswertes Museum, das vom rechten Seitenschiff aus zugänglich ist.

Wer noch etwas Zeit hat, kann einen Abstecher zur Ruine der Rocca Maggiore unternehmen. Der etwas mühsame Aufstieg wird belohnt durch den weiten Ausblick über die umbrische Landschaft. Es fällt auf, dass das Gebiet, das sich vor Assisi ausbreitet, keinerlei größere Industrieanlagen besitzt. So bleibt die Heimat des heiligen Franziskus (des Patrons der Umwelt) von Umweltbelastungen weitgehend verschont.

Piazza del Comune

Von der Kathedrale führt die Via San Rufino hinunter zur Piazza del Comune. Dieser Platz bildet das Zentrum Assisis. Auf ihm befindet sich ein pittoresker *Brunnen*: Aus zwei übereinanderliegenden Schalen fließt das Wasser in ein neuneckiges Becken, in dem drei Wasser speiende Löwen aufgestellt sind.

An der rechten Längsseite der Piazza erhebt sich die sehr gut erhaltene Vorhalle des *Minervatempels* (es ist heute umstritten, ob der Kultbau wirklich dieser Göttin geweiht war). Die Cella wurde im 16. Jahrhundert zur Kirche Santa Maria sopra Minerva umgewandelt.

Neben dem Tempel befindet sich der *Palazzo del Capitano del Popolo* aus dem 13. Jahrhundert mit einem schönen mit Zinnen geschmücken Turm (das obere Geschoss und die Zinnen stammen aus späteren Zeiten).

Die hier angrenzende Schmalseite der Piazza wird von dem Postamt eingenommen: Die Architektur des 1927 errichteten Gebäudes wurde dem Mittelalter nachempfunden. Links vor der Fassade ist eine große Ädikula angebracht, die das Madonnenfresko eines Nachfolgers von Simone Martini enthält. Es stammt aus der mittelalterlichen Kirche San Niccolò, die etwa an dieser Stelle stand (die Krypta dieser Kirche, links hinter dem Postamt, birgt heute ein Museum mit römischen Ausstellungsstücken).

In unmittelbarer Nähe von San Niccolò vermutet Analdo Fortini, im 20. Jahrhundert der bedeutendste Forscher der Stadtgeschichte Assisis, das Geschäftshaus des Pietro Bernardone. Der Durchgang unter dem Postamt (seitwärts des Gebäudes zu erreichen) führt zu einem kleinen Oratorium, das an die Handelsräumlichkeiten des Tuchhändlers erinnert (*Casa Fortini).*

Zurück zur Piazza del Comune: auf der dem Minervatempel gegenüberliegenden Platzseite erstreckt sich der *Palazzo Comunale* – ein Gebäudekomplex, der aus vier Teilen besteht; diese unterscheiden sich zwar durch die Höhe und die Fassadenaufteilung, die gleichmäßige Verwendung des hellen Steines und die horizontale Gliederung verleihen ihnen aber ein einheitliches Aussehen. Der linke Gebäudetrakt ist der älteste Teil: der schon im 13. Jahrhundert errichtete Palazzo dei Priori. Hier hatten die Prioren ihren Sitz, fünf angesehene Leute, die seit dem späten Mittelalter zusammen mit dem Stadtvogt und dem im Palazzo del Capitano residierenden Volkskapitän die Stadt regierten. Unter dem rechten Gebäudeteil des Palazzo Comunale öffnet sich ein Durchgang, der mit sehenswerten Groteskmalereien geschmückt ist (der Durchgang ist nur von der Piazza Comunale zugänglich, rückwärts ist er vermauert).

Heute befindet sich in dem Gebäudekomplex die Gemeindeverwaltung, die städtische Gemäldesammlung (Pinacoteca civica) und das Fremdenverkehrsbüro (Acienda di Turismo). Die Piazza ist ein beliebter Treffpunkt für Jung und Alt. Bis spät in die Nacht hinein herrscht hier reges Leben.

Chiesa Nuova und Stalletta

Geht man links am Palazzo dei Priori vorbei, so erreicht man einen kleinen Platz, an dem sich die Fassade der *Chiesa Nuova* (Neue Kirche) erhebt; sie wurde von dem spanischen König Philipp III. gestiftet, der Baubeginn war 1615. Der kuppelüberwölbte Zentralbau ist reich mit Stuck und Gemälden ausgestattet. Er wurde über einem mittelalterlichen Gebäude errichtet, das nach einem Zeugnis des 16. Jahrhunderts für das Elternhaus des heiligen Franziskus gehalten wird. Rechts vor der Hauptapsis führt ein Durchgang zu einer Treppe; neben ihr ist eine mittelalterliche Türe angebracht, die als die Pforte zum Elternhaus des Heiligen gilt; am Ende der Treppe öffnet sich eine Gasse. Rechts ist der Eingang zu einem Raum, in dem sich der Laden des Tuchhändlers Pietro Bernardone befunden haben soll. Nach der Rückkehr in die Kirche empfiehlt es sich noch, rechts vor dem Ausgang einen Blick in die von einem Gitter verschlossene Nische zu werfen, in der eine Holzskulptur den jugendlichen Franziskus in kniender Haltung darstellt. Hier wird daran erinnert, dass der Vater Bernardone seinen Sohn eingesperrt hatte, weil er ihn davon abbringen wollte, sein Leben zu ändern.

Links an der Chiesa Nuova vorbei führt eine schmale Gasse zur winzigen Kapelle *San Francesco Piccolino*. Die Inschrift über dem Eingangsbogen besagt: „Dieser Betraum war der Stall von Ochs und Esel, wo der heilige Franziskus, der Spiegel der Welt, geboren wurde.“ Diese Worte beziehen sich auf eine Legende, nach der der Heilige in einem Stall zur Welt kam: eine erzählerische Ausgestaltung der Tatsache, dass er als treuer Befolger des Evangeliums Jesus ähnlich geworden ist. Die kleine Kapelle erhielt deswegen auch die Bezeichnung *Stalletta* (= kleiner Stall). Sie wird bereits 1286 urkundlich als „oratorium Sancti Francisci" erwähnt und wurde in einem Gebäude eingerichtet, das schon im 13. Jahrhundert als Eigentum der Familie des Heiligen galt.

Immer wieder taucht die Frage auf, wo denn nun Francescos wirkliches Elternhaus zu suchen ist: in dem Gebäudekomplex bei San Niccolò (Casa Fortini), unter der Chiesa Nuova oder an der Stelle von San Francesco Piccolino? Raoul Manselli, ein Historiker und Franziskuskenner unserer Zeit, gibt zur Antwort, dass die reiche Familie des Pietro Bernardone mehrere Häuser besessen haben muss, dass aber nicht mehr bekannt ist, in welchem von ihnen Francesco zur Welt kam.

Santa Maria Maggiore

Rechts neben der Stalletta führt eine Gasse zur Via San Antonio, über die die Piazza del Vescovado erreicht wird. An diesem mit Bäumen und einem Brunnen schön gestalteten Platz erhebt sich die Kirche Santa Maria Maggiore; sie war die Kathedrale, bis im 11. Jahrhundert Alt-San-Rufino (der Vorgängerbau des heutigen Doms San Rufino) Bischofskirche wurde (vgl. S. 181 f.). Bei Ausgrabungen wurde unter Santa Maria Maggiore ein Haus aus der Römerzeit ans Tageslicht gebracht. Die reiche Ausstattung (Wandmalereien, Bodenmosaik) lässt auf einen wohlhabenden Besitzer schließen, bei dem es sich möglicherweise um den Dichter Properz handelt (Besichtigung der Ausgrabungen nur mit Erlaubnis der Soprintendenza Archeologica von Perugia).

Über den Baubeginn von Santa Maria Maggiore ist kaum etwas bekannt. Eine Legende spricht von einer Kirche, die bereits im 4. Jahrhundert erbaut worden sein soll. Dabei könnte es sich um einen Vorgängerbau der heutigen Basilika gehandelt haben. Wie eine Inschrift im Rosettenfenster besagt, wurde die Fassade im Jahre 1162 erneuert. Links erhebt sich ein schlichter, aber eleganter Glockenturm. Die romanische Basilika ist durch Pfeiler und Rundbögen in drei Schiffe unterteilt, deren mittleres in der erhöhten Apsis weitergeführt wird. Die Freskierung des Innenraums ist bis auf wenige, aber betrachtenswerte Reste verloren gegangen. Die nun schlichte Basilika vermittelt einen würdigen Eindruck.

An der unteren Schmalseite der Piazza del Vescovado (neben Santa Maria Maggiore) befindet sich das bischöfliche Haus. Der Bischof behielt seinen Amtssitz an dieser Stelle, auch als San Rufino Kathedralkirche wurde. Das mittelalterliche Gebäude steht nicht mehr, sondern wurde im 17. Jahrhundert durch einen Neubau ersetzt. Im Eingangshof erhebt sich eine Statue des heiligen Franziskus. Es ist zu vermuten, dass es hier war, wo der reiche Kaufmannssohn in aller Öffentlichkeit nackt seinem Vater entgegentrat, um ihm seine Kleider und das Geld zurückzugeben (vgl. S. 173).

Neben dem Bischofshaus führt eine Gasse zur Via San Apollinare. An ihrem Beginn erstreckt sich links das Benediktinerinnenkloster San Giuseppe. Die Straße geht in die Via Borgo San Pietro über, an der rechts das Kloster Sainte Colette liegt (französische Klarissen). Die Fassade der Konventskapelle ist der der Kirche Santa Chiara nachempfunden (abwechselnd rote und weiße Steinschichten).

Abtei San Pietro

Am unteren Ende der Via Borgo San Pietro dominieren links die Gebäude dieser Benediktinerabtei. Die Kirche wurde im 13. Jahrhundert erbaut. Bereits von weitem wird der mächtige Glockenturm sichtbar. Von einem Vorplatz aus bietet sich ein guter Blick auf die rechteckige Fassade, die eine klare Gliederung aufweist: in der unteren Zone drei Portale, deren mittleres verziert ist; in den darüberliegenden Feldern – den drei Eingängen entsprechend – drei Rosettenfenster, das mittlere ist größer und besitzt einen doppelten Strahlenkranz. Der hohe Innenraum wird durch Pfeiler und Bögen in drei Schiffe unterteilt; der Altarraum ist durch fünf Stufen erhöht, er wird von einer Kuppel überwölbt, die aus konzentrisch gelegten und abgestuften Steinschichten besteht. Die Basilika wird nur durch wenige Fenster erhellt; das Halbdunkel erleichtert es, inne zu halten und – durch nichts abgelenkt – Ruhe und Andacht zu finden.

Von der Abteikirche aus erreicht man durch die Piaggia San Pietro und die Via Frate Elia die Piazza inferiore di San Francesco, die der Grabeskirche des heiligen Franzikus vorgelagert ist (ausführliche Beschreibung von San Francesco im nächsten Kapitel). Wer nach dem Besuch dieser Basilika zur Piazza Nuova zurückkehren möchte, kann nun den kürzeren Weg nehmen: durch die malerische Via San Francesco (leider stark vom Tourismus belebt) und nach Überqueren der Piazza del Comune über den Corso Mazzini, sodann an Santa Chiara vorbei zur Porta Nuova.

Basilika di San Francesco – die Grabeskirche des heiligen Franziskus

San Francesco

Diese mit meisterhaften Fresken geschmückte Basilika gehört zu den bedeutendsten Werken der Gotik Italiens und gilt als ein herausragendes Schmuckstück des italienischen Kirchenbaus. Man kann sich die Frage stellen: Passt eine so reich ausgestattete Kirche zum heiligen Franziskus, der doch in einzigartiger Weise die Armut liebte? Eine mögliche Antwort darauf gibt die theologische Grundidee, die der malerischen Ausstattung der Basilika zugrunde liegt: Die Grabeskirche des Heiligen weist auf Jesus Christus hin, der in Franziskus – dem Nachahmer seines Lebens und treuen Befolger des Evangeliums – erneut aufleuchtete. An den entscheidenden Stellen des Bildprogramms wird der Heilige stets in Beziehung zu Christus und dem von ihm verkündeten Gottesreich gestellt. Insofern zeigt die Betrachtung der

Fresken von San Francesco einen Weg zu Gott, dem durch diese Basilika die Ehre erwiesen wird. So dürfte die Kirche wohl auch Franziskus selbst akzeptieren können, der sich „Herold des großen Königs“ nannte und sein Leben dem Lob Gottes widmete.

Baugeschichte und Architektur

Franziskus starb am Abend des 3. Oktober 1226 und wurde zunächst in der kleinen Kirche San Giorgio beigesetzt; sie befand sich dort, wo heute Santa Chiara steht (vgl. S. 180 f.). Die Initiative zum Bau einer großen Kirche als Begräbnisstätte für den Ordensgründer ging von Papst Gregor IX. aus, der sich schon in der Zeit, als er noch Kardinal von Ostia war, nachdrücklich für den neuen Orden eingesetzt hatte. Am 16. Juli 1228 sprach er Franziskus in dem Kirchlein San Giorgio heilig, und bereits einen Tag später legte er den Grundstein zu der als Doppelkirche geplanten Basilika San Francesco. Das Grundstück, das dem Orden zum Bau dieser Grabeskirche geschenkt worden war, übernahm der Papst, weil die Brüder wegen ihrer Armutsbestimmungen kein Eigentum besitzen durften.

1230 waren die Arbeiten an der Unterkirche schon so weit fortgeschritten, dass der Leichnam des Heiligen von San Giorgio dorthin überführt werden konnte. Er wurde unter dem Vierungsaltar beigesetzt. Nach Vollendung auch der Oberkirche weihte Papst Innozenz IV. im Jahre 1253 die Doppelbasilika. Zu diesem Zeitpunkt fehlte noch die malerische Ausgestaltung des Baues, an der in den folgenden Jahrzehnten verschiedene Künstler arbeiteten.

Ursprünglich hatten Unter- und Oberkirche denselben kreuzförmigen Grundriss, Symbol für das Kreuz Christi. Die doppelstöckige Basilika ist nicht – wie üblich – geostet, sondern gewestet und folgt damit dem Beispiel zweier römischer Bauten: San Pietro in Vaticano (wie die alte Peterskirche) und die Laterankathedrale richten ebenfalls die Apsis nach Westen aus. Der Fassade der Oberkirche vorgelagert ist die Piazza superiore di San Francesco. Die Fassade ist in zwei Geschosse und einen spitzen Giebel gegliedert. Das untere Geschoss enthält ein reich verziertes Doppelportal, das obere eine fein gestaltete Fensterrosette, die von den geflügelten Gestalten der Apokalypse (Mensch, Löwe, Stier und Adler) umgeben ist; das Radfenster versinnbildlicht die Sonne und – im übertragenen Sinn – Gott als den Sol iustitiae, die Sonne der Gerechtigkeit. Die Unterkirche ist von der Piazza inferiore di San Francesco durch ein gotisches Portal (um 1300) zugänglich, das von einer Vorhalle im Renaissancestil überdacht ist (15. Jh.).

Um 1300 erhielt die Unterkirche seitliche Kapellen, die zum Langhaus und Querschiff hin geöffnet wurden. Den ursprünglichen Bau erweiterte man zu einem größeren Gottesdienstraum, der quer zum Längsschiff der Unterkirche liegt. An der Südseite der Basilika erhebt sich der reich gegliederte Glockenturm.

Im 19. Jahrhundert führte der Wunsch, das Grab des Heiligen ausfindig zu machen, zu umfangreichen Grabungen. 1818 fand man den Sarkophag mit den Reliquien genau unter dem Hauptaltar der Unterkirche. Um den Gläubigen den Besuch des Grabes zu ermöglichen, erfolgte der Bau eines sakralen Raumes, der „Tomba“, unter dem Boden der Unterkirche. Die ursprünglich neoklassizistische Ausgestaltung wurde in den Jahren 1928 bis 1932 durch eine schlichtere Auskleidung (roh behauener Stein vom Monte Subasio) ersetzt. In diesem mit gedämpftem Licht ausgeleuchteten katakombenartigen Raum, wo immer Kerzen brennen, ist der Sarkophag des Heiligen über dem Altar zu sehen in feierlicher, aber zurückhaltender, seinem Armutsideal entsprechender Form.

Die Fresken der Unterkirche

Die folgende Darstellung der Bildprogramme von Unter- und Oberkirche verdankt sich ganz wesentlich den Untersuchungen des Franziskaner-Minoriten Gerhard Ruf, die er unter den Titeln „Franziskus und Bonaventura" (Assisi 1974) und „Das Grab des heiligen Franziskus" (Freiburg / Breisgau 1981) veröffentlicht hat.

Zuerst wurde das Langhaus der Unterkirche ausgemalt (um 1260), und zwar von einem unbekannten Künstler, der – weil der Bilderzyklus in San Francesco sein Hauptwerk ist – der *Franziskusmeister* genannt wird. Leider wurden bereits bald nach der Fertigstellung die Wände aufgebrochen, um Zugänge zu den ursprünglich nicht vorhandenen Seitenkapellen zu schaffen. Dabei zerstörte man teilweise das Werk des Franziskusmeisters. Trotzdem kommt die monumentale, großflächige und ausdrucksstarke Auffassung der gemalten Themen – das Leben des heiligen Franz von Assisi und die Passion Christi – voll zur Geltung.

Die Szenen aus dem Franziskusleben beginnen (vom Eingang der Unterkirche aus) im Langhaus gleich links mit der *„Enterbung des heiligen Franziskus"*. Dargestellt ist der Bischof, der mit seinem Mantel die Blöße des entkleideten Kaufmannssohnes bedeckt. Rechts sind noch die Reste der Darstellung einer Person zu erkennen: möglicherweise der Vater, dem der Sohn seine Habe zurückgibt. Das zweite Bild schildert den *„Traum des Papstes"*. Innozenz III. träumte, dass ein kleiner schmächtiger Mann die gewaltige Lateranbasilika mit seiner Schulter stützt. Er deutete diesen Traum so, dass Franziskus eine Stütze für die Kirche sein werde, und erlaubte ihm daraufhin die Gründung seiner Gemeinschaft. Das dritte Bild, die *„Vogelpredigt"*, zeigt einen freundlichen Franziskus, dem die Vögel andächtig zuhören. Von der vierten Darstellung, der *„Stigmatisation"*, ist nur noch der gekreuzigte Seraph vorhanden, der erschien, als der Heilige die Wundmale empfing. Das letzte Bild stellt den *„Tod des heiligen Franziskus"* dar.

Auf der gegenüberliegenden Seite hat der Franziskusmeister die Passion Christi, ergänzt um das Emmausmahl, vergegenwärtigt. Auf dem ersten Bild (vom Eingang beginnend) steht neben dem Kreuzesholz eine Personengruppe, links ist ein zu Boden fallendes Gewandteil erkennbar. Der Vergleich mit einer ähnlichen Darstellung in der Pinakothek zu Perugia führt zu der sicheren Annahme, dass hier die *„freiwillige Entkleidung Christi"* gemalt ist (anders als bei den üblichen Darstellungen, wo Jesus von den Soldaten entblößt wird). Das zweite Bild hat die *„Kreuzigung"* zum Thema. Von dem Gekreuzigten ist nur noch die Darstellung eines Armes erhalten, darunter der Jünger Johannes, der die trauernde Mutter Jesu stützt. Auf der nächsten Wandfläche ist die *„Kreuzabnahme"* vergegenwärtigt, der die *„Beweinung"* des aufgebahrten Jesus folgt. Auf dem letzten Bild ist eine gemalte Architektur und das Fragment einer Gestalt hinter einem Tisch zu erkennen. Weil diese Darstellung sich einerseits an die Passion anschließt, andererseits zum Altar hin orientiert ist (ursprünglich stand sogar noch vor der Vierung ein Lettner mit Altar), muss es sich bei diesem Bild um das *„Emmausmahl"* handeln.

Die Gegenüberstellung des Franziskuslebens mit der Passion Christi verdeutlicht die Einheit, die der Heilige aus Assisi durch die konsequente Nachfolge des Herrn mit diesem eingegangen ist. Das Bildprogramm ist auf die Vierung ausgerichtet: Schrittweise werden die Pilger durch Betrachtung des Franziskuslebens und des Leidens Christi hindurch zum Hauptaltar geführt, der sich über dem Grab des Ordensgründers befindet. Der Lebensweg des Heiligen hat sein Ziel in der himmlischen Wohnung, in die Christus ihm durch Kreuz und Auferstehung vorausgegangen ist.

Das Vierungsgewölbe hat Giotto oder ein ihm nahestehender Künstler in den Jahren vor 1320 dekoriert. Die westliche Gewölbekappe zeigt Franziskus auf dem Weg zum himmlischen Leben: Er ist in einen mit goldenen Quadraten geschmückten Habit gekleidet und sitzt auf einem Thron, der von musizierenden Engeln begleitet wird. Zur Erläuterung dieses Bildes kann der Gesang angeführt werden: „Zum Paradies mögen Engel dich geleiten." Als Tugenden, die zum Paradies führen, stellt der Künstler in den übrigen Gewölbezwickeln die drei Ordensgelübde dar: Im südlichen Feld drückt der als Person gemalte Gehorsam einem vor ihm knienden Minderbruder ein Joch auf. In der östlichen Kappe des Gewölbes vermählt sich Franziskus mit einer in ein zerrissenes Gewand gekleideten Frau, der Armut; und im nördlichen Bild ist die ehelose Keuschheit als Betende, geschützt in einem Turm, dargestellt.

Auf den *Gurtbögen der Vierung* haben unbekannte Künstler zwischen 1300 und 1320 Gestalten aus der Apokalypse gemalt. Dieses Buch des Neuen Testamentes beschreibt in oft schwer zu deutenden Visionen die Gerichts- und Heilstaten Christi bei seiner Wiederkunft; über dem Grab des heiligen Franziskus weisen die Darstellungen aus der Apokalypse auf den glorreichen Einzug des Ordensstifters ins Himmelreich hin. Gut zu erkennen ist im Schlussstein der Menschensohn (Offb 1,13ff.), in seiner Hand hält er das Buch mit den sieben Siegeln, das er dem Lamme überreicht (Offb 5,1ff.), in der anderen Hand den Schlüssel zum Öffnen des Totenreiches (Offb 1,18) und aus seinem Mund gehen zwei Schwerter hervor (das zweischneidige Schwert in Offb 1,16).

Im nördlichen Querschiff befindet sich das große Fresko „Thronende Madonna mit Kind und Engeln" von Cimabue (um 1280); dieses Bild enthält die berühmte *Franziskusdarstellung*, die mit der Beschreibung des Heiligen in der von Thomas von Celano verfassten Biographie übereinstimmt und deswegen seinem tatsächlichen Aussehen sehr nahe kommen muss. Den im nördlichen Querhaus dargestellten

Szenen aus der Kindheitsgeschichte Jesu (Werkstatt des Giotto, 1300–1320) wird im südlichen Querschiff die Passion und Auferstehung des Herrn gegenübergestellt (Pietro Lorenzetti und seine Werkstatt, um 1320).

Von den Seitenkapellen, die sich am Langhaus aufreihen, sind erwähnenswert: die *Martinskapelle* (vom Eingang aus erste Kapelle links), von dem toskanischen Künstler Simone Martini in der ersten Hälfte des 14. Jahrhunderts mit Szenen aus dem Leben des heiligen Martin geschmückt; die *Magdalenenkapelle* (an der nördlichen Langhausseite, zur Vierung hin), von Giotto und seinen Mitarbeitern Anfang des 14. Jahrhunderts mit Szenen aus dem Leben der heiligen Maria Magdalena freskiert.

In einem Seitenraum des nördlichen Querhauses sind Erinnerungsstücke des heiligen Franziskus ausgestellt, unter anderem sein Habit und die von Papst Honorius III. 1223 bestätigte Ordensregel.

Die Oberkirche

Wer zuerst die Unterkirche besucht hat, ist von dem Kontrast zwischen dieser gedrungenen, dunklen und höhlenähnlichen Architektur und der hellen, in die Höhe strebenden, leichten Oberkirche überrascht. Wie die Unterkirche ist auch sie vollständig mit Wandmalereien versehen. Von der umfangreichen Dekoration interessieren insbesondere die Darstellungen des Franziskuslebens im Längsschiff, die im allgemeinen dem Florentiner Maler Giotto und seiner Schule zugeschrieben werden (letztes Jahrzehnt des 13. Jh.). Immer wieder meldet die Kunstwissenschaft jedoch auch Zweifel an dieser Zuschreibung an.

Das Bildprogramm bringt den Heiligen sowohl in Beziehung zum Leben Jesu, das zwischen den Fenstern des südlichen Längsschiffes dargestellt ist, als auch zu Szenen des Alten Testamentes, die in den beiden oberen Zonen der nördlichen

Die Vita des Heiligen Franziskus in der Oberkirche von San Francesco

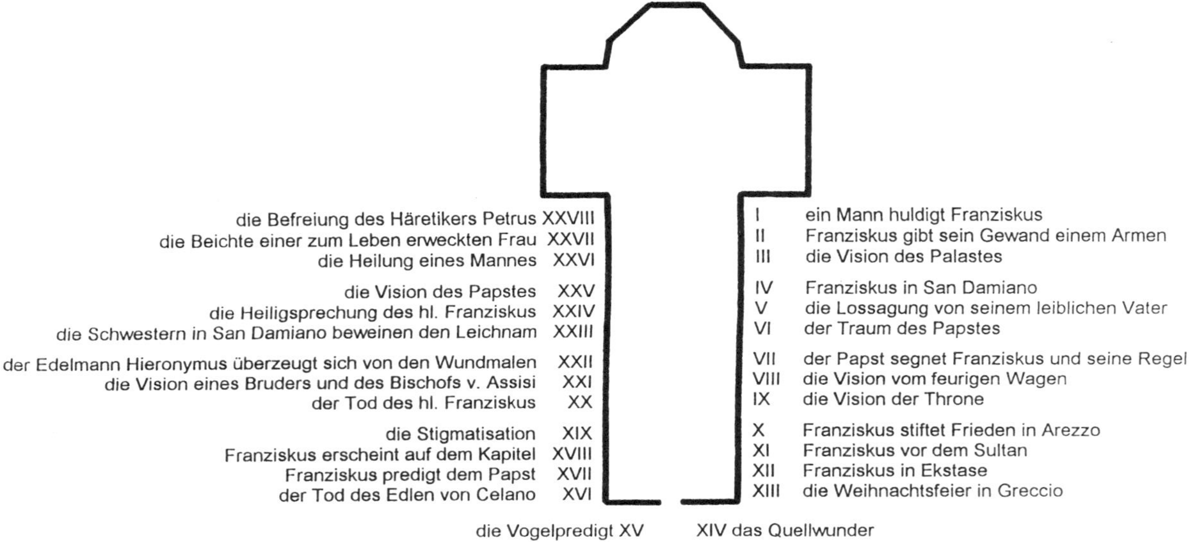

Langhauswand freskiert wurden. Wie ein bebildertes Buch mit überlebensgroßen Darstellungen werden entscheidende Szenen aus der Franziskusbiographie, die der heilige Bonaventura verfasst hat (Legenda maior), aufgeschlagen, beginnend an der nordöstlichen Vierungsecke, sich zur Fassade hin fortsetzend und auf der südlichen Langschiffseite wieder zur Vierung zurückführend.

Die erste Szene (Bild I) spielt auf der Piazza del Comune. Gut zu erkennen ist der Palazzo del Capitano, dessen oberstes Geschoss noch fehlt (s. S. 184). Obwohl mit Liebe zum Detail gemalt (beispielsweise der Vorhang des oberen linken Fensters), nimmt der Künstler sich die Freiheit, teilweise vom Vorbild abzuweichen (der Minervatempel hat auf dem Fresko eine andere Säulenordnung). Dargestellt ist folgende Begebenheit: Vor dem gut gekleideten Franziskus breitet ein Mann seinen Mantel aus und ehrt dadurch – wie die Biographie Bonaventuras berichtet – auf göttliche Eingebung hin den noch reichen Kaufmannssohn, weil dieser „schon bald große Dinge vollbringe und darum von allen Gläubigen hoch zu verehren sei" (leg. maior I, 1). Diese prophetische Aussage weist die Richtung, in die sich das Leben des Heiligen entwickelt. Das erste Fresko erweist sich somit als Ouvertüre zu dem gesamten Bilderzyklus.

Der Wandel vom begüterten Franziskus zum Poverello (dem kleinen Armen) vollzieht sich in mehreren Etappen. Eine wichtige Station war sein Erlebnis vor dem Kreuzbild von San Damiano (vgl. S. 173), das in Bild IV dargestellt ist: Die teils zerstörte Kapelle gibt den Blick frei auf das große Kruzifix, vor dem Franziskus betet und von dem herab er den Auftrag zur Wiederherstellung der Kirche erhält. Weil er Stoffballen aus dem väterlichen Geschäft verkauft hatte, um Geld zur Instandsetzung von San Damiano zu gewinnen, kam es zum Streit mit dem Vater. In Anwesenheit des Bischofs und zahlreicher Leute gab er dem Kaufmann seine

Kleider zurück, indem er sagte: „Bis heute habe ich dich auf Erden meinen Vater genannt, jetzt aber kann ich voll Vertrauen sprechen: Vater unser, der du bist im Himmel" (leg. maior II,4). Diese Szene ist in Bild V wiedergegeben.

Das folgende Fresko (Bild VI) zeigt Innozenz III. schlafend und links den Inhalt seines Traumes: „Ein armer Mann, bescheiden und verachtet", stützt die einstürzende Lateranbasilika, die päpstliche Kathedrale (leg. maior III,10). Nachdem diese Vision den Papst von der Echtheit des Anliegens überzeugt hatte, das der Ordensstifter und seine ersten Gefährten vorbrachten, bestätigte er die neu entstandene Gemeinschaft (Bild VII) zumindest mündlich, denn die schriftliche Bestätigung erfolgte erst mit der Ordensregel 1223.

Franziskus wird oft als Mann des Friedens angeführt. Dieses Charisma wird besonders in seinem Besuch beim Sultan deutlich. In der Zeit der Kreuzzüge ist es schon außergewöhnlich, dass sich jemand ohne Waffen zum ägyptischen Machthaber begibt. Der Poverello aus dem umbrischen Assisi verkündet ihm das Evangelium, die Botschaft des Friedens, und verspricht, unversehrt durchs Feuer gehen zu können, damit der Sultan von der Wahrheit der Lehre Christi überzeugt werde und den christlichen Glauben annehme. Im Bild XI ist der phantastisch gekleidete Herrscher auf einem Thron dargestellt, vor ihm Franziskus, der zu ihm spricht, während er mit dem Finger auf ein Feuer deutet. Wie der Biograph berichtet, nimmt der Sultan zwar nicht den Glauben an Christus an, bringt dem bescheidenen und friedfertigen Besucher aber größte Hochachtung entgegen.

Eine sehr bekannte Szene ist an der Eingangswand freskiert: die Vogelpredigt (Bild XV). Sie zeigt auf der einen Seite Franziskus mit seinem Begleiter, in der anderen Bildhälfte die Vögel; unter einem Baum sitzend, sind sie dem Heiligen zugewandt. Er wendet sich ihnen ebenfalls zu. Die Linie seiner linken Hand, über seine Schulter weitergeführt, verbindet die

Fassadenrosette mit den Vögeln. Weil das große Radfenster Symbol für Gott ist, wird hierdurch verdeutlicht: Franziskus predigt mit göttlicher Vollmacht. In seiner Ansprache weist er die Vögel auf diesen Gott hin: „Meine Brüder Vögel! Voll Eifer sollt ihr euren Schöpfer loben, der euch euer Federkleid und Flügel zum Fliegen geschenkt hat. Er lässt euch in der reinen Luft leben und nimmt sich euer an, ohne dass ihr euch Sorgen zu machen braucht" (vgl. auch Mt 6,25 f.). Dass nicht nur die Menschen, sondern die gesamte Schöpfung, die er Bruder/Schwester nennt, ihm aufmerksam zuhört, gilt als Beweis für die Echtheit und Lauterkeit seiner Predigt.

Die Christusähnlichkeit des heiligen Franziskus erhält ihre stärkste Ausprägung in der Stigmatisation. Im Bild XIX ist dargestellt, wie der Heilige die Wundmale empfängt. Sein Blick und seine Körperhaltung sind auf den gekreuzigten Seraph gerichtet; diese Richtung lässt sich weiter verfolgen bis zu der Kreuzigungsszene Jesu, die weiter rechts in der Fensterzone gemalt ist (trotz des schlechten Zustandes erkennbar). Franziskus wird durch die Stigmatisation mit Jesus am Kreuz verbunden.

Unter dem Kreuzigungstod Jesu ist der Tod des Poverello dargestellt (Bild XX). Wie Bonaventura in der Biographie verdeutlicht, hat Franziskus selbst sein Sterben mit dem des Gekreuzigten in Verbindung gebracht. Diese Beziehung wird bildlich dargestellt durch die Linie, die vom aufgebahrten Heiligen über das von Engeln empor getragene Brustbild des Verstorbenen (seine Seele!) zum gekreuzigten Jesus verläuft.

Es wird berichtet, dass der Leichnam vor seiner Beisetzung am Kloster San Damiano vorbeigetragen wurde, damit Klara und ihre Schwestern von Franziskus Abschied nehmen konnten. Bild XXIII gibt diese Begebenheit sehr einfühlsam und eindringlich wieder und verdeutlicht somit die lebendige Verbundenheit zwischen dem Ordensstifter und der Gründerin der Klarissengemeinschaft.

Vor den Toren Assisis

San Damiano

- *San Damiano*
- *Rivotorto*
- *Santa Maria di Porziuncola*
- *Eremo delle Carceri*

Auf der Suche nach dem ursprünglichen franziskanischen Geist sollten nicht die Stätten vergessen werden, die sich außerhalb der Stadtmauern befinden. Sie erinnern an wichtige Stationen im Leben des heiligen Franziskus und der heiligen Klara. Einige von ihnen, so San Damiano und die Carceri, haben ihre ursprüngliche Ausstrahlungskraft noch vollständig bewahrt. Auch wenn der Aufenthalt in Assisi nur knapp bemessen wäre, so sollte doch wenigstens einer dieser Orte aufgesucht und dafür eher das Besuchsprogramm innerhalb der Stadtmauern abgekürzt werden.

San Damiano

Dieses Santuario (Heiligtum) ist gut zu Fuß erreichbar: vom Parkplatz vor der Porta Nuova durch die Unterführung (Vorsicht: Autoverkehr), sodann Fußweg zwischen Olivengärten bis zum Vorplatz des Klosters. Schilder mit der Aufschrift „Silenzio" mahnen zum Stillschweigen. San Damiano besaß zur Zeit des heiligen Franziskus noch nicht den Gebäudekomplex, der den Kirchenraum jetzt umgibt, sondern nur einige dürftige Räumlichkeiten für den hier diensttuenden Priester. Die kleine Kirche war ziemlich verfallen. Der Stimme folgend, die er vom Kreuz herab hörte, setzte der Heilige sie wieder instand (vgl. S. 173). Später baute er für die neu gegründete Gemeinschaft der heiligen Klara einfache Klosterräumlichkeiten an. Das in späterer Zeit erweiterte Konventsgebäude bewohnen heute Franziskaner. Die Ordensprovinz von Assisi hat hier ihr Noviziat.

Rundgang

Rechts vom Kirchenportal ist der Zugang zur kleinen *Kapelle des heiligen Hieronymus* mit Fresken von Tibero d' Assisi: „Maria mit dem Kind zwischen den Heiligen Bernardin von Siena, Hieronymus, Franziskus und Klara" (1517) und „der heilige Sebastian und der heilige Rochus" (1522). In dem Raum, der sich hinter der Hieronymuskapelle befindet, wird ein beachtenswertes und ausdrucksstarkes Kruzifix des 17. Jahrhunderts aufbewahrt, das Bruder Innozenz von Palermo schnitzte.

Nach dem Betreten der einschiffigen Kirche muss man sich zunächst an das Halbdunkel gewöhnen; der schlichte Raum atmet noch unverfälschten franziskanischen Geist. Über dem Altar hängt eine Kopie des berühmten, heute in Santa Chiara aufbewahrten Kreuzbildes, von dem herab Franziskus den Auftrag hörte: „Geh und stelle mein Haus wieder her!"

Vor dem Chorgestühl der Kirche führt rechts eine schmale Tür zum Sepolcro: Unter dem Fußboden dieses Raumes wurden die in San Damiano verstorbenen Klarissen beigesetzt. Links ermöglicht ein geöffneter Durchgang einen Blick in die Chorkapelle, wo die Schwestern ihr Stundengebet hielten.

Die Treppe, die sich vom Sepolcro zum ersten Stock hinaufwindet, führt an einer kleinen bepflanzten Terrasse vorbei, dem Gärtlein der heiligen Klara, mit einem schönen Blick auf die Umbrische Ebene. Gerne wird hier an den Aufenthalt des kranken Franziskus im Jahre 1225 erinnert: Der Biograph Thomas von Celano berichtet von einer Hütte aus Binsen, die man dem Poverello „bei San Damiano" errichtet hatte. Dort habe er trotz seiner schweren Krankheit den Sonnengesang gedichtet. Es ist jedoch zu bezweifeln, dass diese Hütte in dem Gärtlein der heiligen Klara – also innerhalb der Klausur – gestanden hat; eher wird der Kranke sich außerhalb der Klostermauern aufgehalten und den Sonnengesang verfasst haben.

Geht man am Gärtlein der heiligen Klara vorbei, so erreicht man das *Oratorium der heiligen Klara*. Im Boden befindet sich eine kleine Holzplatte, die geöffnet werden konnte; diese Öffnung gab den Schwestern den Blick auf den Altar der Kirche frei. Die Apsis des Oratoriums ist mit einem Fresko geschmückt, das Maria mit dem Jesusknaben zwischen Franziskus und Klara zeigt. An der linken Seitenwand ist die Ordensgründerin in betender Haltung dargestellt; dort befindet sich eine Nische, die der Aufbewahrung des Allerheiligsten diente.

Vom Oratorium der heiligen Klara aus führen einige Stufen in das schlichte Dormitorium (Schlafsaal) der Schwestern. An der Stelle, wo sich vermutlich Klaras Schlafstätte befunden hat, steht heute stets ein frischer Blumenstrauß. Als nächstes kann der Kreuzgang besucht werden, von dem aus ein Durchgang den Blick in das Refektorium (Speisesaal) der Schwestern ermöglicht. Auch in diesem Raum markiert ein Blumenstrauß den Platz, an dem wahrscheinlich Klara gesessen hat. Das einfache Mobiliar, das ganz der franziskanischen Armut entspricht, stammt noch aus der Zeit Klaras, die Wandmalereien sind in späteren Zeiten entstanden.

Das Santuario ist morgens bis 10 Uhr geschlossen. Abends findet um 19 Uhr ein feierlicher Vespergottesdienst statt.

Rivotorto

Von San Damiano führen Wege durch die Felder und Weinberge zur Kirche *Santa Maria di Rivotorto* (Gehzeit etwa 45 Minuten). Sie liegt abseits der Touristenströme und wird deswegen insbesondere solche Besucherinnen und Besucher ansprechen, die nach Ruhe suchen.

Rivo Torto ist ein kleiner Fluß, der sich durch die Umbrische Ebene schlängelt und an dessen Ufer Franziskus und seine ersten Gefährten sich in einem verlassenen Schuppen eine Unterkunft hergerichtet hatten. Die Hütte war so klein, dass der Heilige auf die Balken die Namen der Brüder schreiben musste, damit jeder seinen Platz kannte, wenn er schlafen oder beten wollte. Einige Legenden ranken sich um diesen Ort. Sie berichten sowohl von der Anspruchslosigkeit als auch von der Freude der jungen Gemeinschaft. Hier wird die Erinnerung an das wach, was Franziskus in seinen Ermahnungen zu bedenken gibt: „Wo Armut ist mit Fröhlichkeit, da ist nicht Habsucht noch Geiz" (Erm 27, 3).

Es ist nicht genau bekannt, wo sich diese erste Niederlassung der Franziskusgemeinschaft befand. In späterer Zeit rekonstruierte man die Hütten am Ufer des kleinen Flusses und umgab sie mit einer Kirche, die jedoch beim Erdbeben von 1853 zerstört wurde. An ihrer Stelle errichtete man den neugotischen Bau, wie er heute noch besteht. Die mit modernen Fenstern geschmückte Basilika Santa Maria di Rivotorto ist in drei Schiffe gegliedert. Sie enthält im hinteren Bereich des Mittelschiffes die rekonstruierten Hütten: drei Räume, deren mittlerer offen und mit einem Altar versehen ist; der rechte Raum birgt eine Darstellung des heiligen Franziskus und wird als seine Schlafstätte bezeichnet.

Santa Maria di Porziuncola

In der Umbrischen Ebene, etwa 4 km südwestlich von Assisi, lag zur Zeit des heiligen Franziskus eine verfallene Kapelle, die der heiligen Maria von den Engeln (Santa Maria degli Angeli) geweiht war, weil hier – wie eine Legende berichtet – häufig die Gesänge der Engel gehört wurden. Wie San Damiano, so stellte Franziskus auch diese kleine Kirche wieder her, die fortan im Leben der frühfranziskanischen Geschichte mehrmals von Bedeutung war; unter anderem wurde Klara hier in den franziskanischen Kreis aufgenommen, und kurz vor seinem Tod ließ Franziskus sich zur Kapelle bringen, neben der er am Abend des 3. Oktober 1226 starb.

Der Porziuncola-Ablass

Obwohl in unserer Zeit die Ablasspraxis mehr und mehr zurückgeht und auch grundsätzlich in Frage gestellt wird, hat die katholische Kirche bis heute doch daran festgehalten, und in der Apostolischen Konstitution „Indulgentiarum doctrina“ hat Paul VI. eine um Zeitgemäßheit bemühte Ablasstheologie entwickelt. Wir beschränken uns hier auf einige historische und franziskanische Aspekte des Porziuncola-Ablasses (Perdono d'Assisi).

Eine Erzählung des 14. Jahrhunderts berichtet, Franziskus habe sich einmal, um der Versuchung des Teufels zu widerstehen, in einem dornigen Gestrüpp gewälzt; wunderbarerweise habe aber das Gesträuch die Dornen verloren und Rosenblüten hervorgebracht. Daraufhin habe der Heilige ein weißes Gewand erhalten und sei von Engeln zum Altar geführt worden; dort habe er die wundersamen Rosen niedergelegt und von Christus den Porziuncola-Ablass erhalten. Nach einem Bericht des Bischofs Theobald von Assisi aus der Zeit um 1300 erbat Franziskus von Honorius III. einen Ablass für diejenigen, die die Porziuncolakapelle aufsuchen. Nach einigem Zögern habe der Papst ihm diesen Perdono d'Assisi gewährt. Der Ablass konnte jährlich am 2. August empfangen werden, dem Jahrestag der erneuten Weihe der Porziuncolakapelle. Allmählich wurde der Ablass auch auf andere Kirchen ausgedehnt, und 1921 verfügte Papst Benedikt XV., dass er in der Porziuncolakapelle sogar täglich gewonnen werden kann.

Weil die ersten Dokumente über den Perdono d'Assisi erst aus der Zeit um 1270 stammen, erörtert die Forschung sehr ausführlich, ob er wirklich auf Franziskus zurückgeht, konnte die Frage bisher aber nicht eindeutig entscheiden.

Zum Ablassfest (2. August) kommt jährlich eine unübersehbare Menschenmenge nach Santa Maria degli Angeli. Am Nachmittag trifft sich stets die GiFra (Gioventù Francescana) zur Sternwallfahrt: Jugendliche und junge Erwachsene, die sich eine Woche vorher zu Fuß auf den Weg nach Assisi gemacht haben, kommen aus verschiedenen Richtungen sternförmig in Porziuncola an.

Baugeschichte

Die kleine Kirche Santa Maria degli Angeli, auch kurz Porziuncola (Teilchen) genannt, war ursprünglich von Wald umgeben. Sie gehörte den Benediktinern des Klosters San Benedetto (am Fuß des Monte Subasio), die sie Franziskus zur

Nutzung überließen. In unmittelbarer Nähe entstanden bereits zu Lebzeiten des Heiligen erste Konventsgebäude. Nach seinem Tod wurde die Kapelle wie eine Reliquie verehrt. Um die großen Menschenmassen aufnehmen zu können, wurde im 16. Jahrhundert nach den Plänen Galeazzo Alessis mit dem Bau einer weiträumigen Basilika begonnen, unter deren Kuppel nun die Porziuncola ihren Platz hat. Erst im 17. Jahrhundert wurde diese monumentale Kirche vollendet. In den Jahren 1925 bis 1930 entstand bei einer Renovierung die heutige Fassade, die mit einer großen vergoldeten Marienstatue bekrönt ist. Im Laufe der Zeit entwickelte sich eine Ortschaft, die ebenfalls den Namen Santa Maria degli Angeli besitzt.

Rundgang

Der Rundgang beginnt bei der *kleinen Porziuncolakirche*, die im Zentrum der Basilika einen würdigen und hervorgehobenen Platz einnimmt. Die heutige Ausstattung erhielt die schlichte Kapelle im Laufe der Jahrhunderte. Das Fresko über dem Eingang ist ein Werk Friedrich Overbecks, eines Hauptvertreters der Nazarener; die Darstellung aus dem Jahre 1829 zeigt, wie Christus, der mit Maria, von Engeln umgeben, über einem Altar schwebt, dem rechts knienden Franziskus den Ablass erteilt (vgl. S. 205 f. über den Porziuncola-Ablass). Auf der Eingangsschwelle stehen die Worte HIC LOCUS SANCTUS EST (dies ist ein heiliger Ort). Der schlichte Innenraum ist mit einem Altarbild „Verkündigung an Maria" geschmückt, das 1393 Hilarius von Viterbo gemalt hat. Das Gemälde zeigt in der Mitte die Verkündigungsszene, darüber Franziskus, der von Christus und Maria den Ablass entgegennimmt.

Rechts hinter der Porziuncola befindet sich im Chorraum der Basilika die *Transituskapelle*, die an das Sterben des heiligen Franziskus, den Transitus (= Übergang), erinnert.

Durch eine Tür im rechten Querhaus der Basilika führt

der Rundgang zunächst – an der Sakristei vorbei – zum *Rosengarten* (Roseto). Eine Legende berichtet, dass der Heilige sich im dornigen Gesträuch wälzte, um einer Versuchung zu widerstehen; doch das Gebüsch verlor die Dornen und ließ rote Rosen erblühen. Heute noch tragen die Rosen in diesem kleinen Garten keine Dornen (vgl. oben den Abschnitt über den Porziuncola-Ablass).

Einige Schritte vom Roseto entfernt befindet sich die *Rosenkapelle* (Cappella del Roseto), die zur Zeit Bonaventuras – er lebte von 1221 bis 1274 – an der Stelle errichtet wurde, wo Franziskus in einer Reisighütte gewohnt hat. Bernardin von Siena erweiterte sie in den ersten Jahrzehnten des 15. Jahrhunderts und legte unter ihr eine Grotte an, die an die Wohnstatt des Poverello erinnert. Die Fresken in der Cappella del Roseto stammen von Tibero d'Assisi (Anfang des 16. Jh.).

Vor der Rückkehr in die Basilika führt der Rundgang an einem *Museum* vorbei, in dem ein Teil der Konventsgebäude des 14. Jahrhunderts zu sehen ist. Außerdem zeigt es bemerkenswerte Ausstellungsstücke, darunter ein ausdrucksvolles gemaltes Kruzifix von Giunta Pisano (um 1236) und ein Cimabue zugeschriebenes Tafelbild, das den heiligen Franziskus darstellt.

Eremo delle Carceri

Franziskus kannte sowohl die Actio als auch die Contemplatio, sowohl das Arbeiten als auch die Beschaulichkeit. Dem Beispiel Jesu folgend (vgl. Mt 14, 23) widmeten der Poverello und seine Gefährten sich von Zeit zu Zeit ganz der Kontemplation. Sie zogen sich deshalb bisweilen in Höhlen am Abhang des Monte Subasio zurück, in denen sich bereits in früherer Zeit Einsiedler aufgehalten hatten. Weil diese Eremiten in der Abgeschiedenheit, also gleichsam abgeschlossen, lebten, erhielten ihre Grotten die lateinische Bezeichnung CARCERES (= Kerker).

Baugeschichte
In der Nähe der Höhle, die als die des heiligen Franziskus galt, entstanden schon bald kleine Baulichkeiten. Neben ihnen errichtete Bernardin von Siena in der ersten Hälfte des 15. Jahrhunderts ein Konventsgebäude. In den folgenden Jahrhunderten wurde der Komplex mehrmals erweitert, unter anderem ummantelte man die Franziskusgrotte, und in neuerer Zeit entstand ein Empfangsteil mit einer Kirche, die zum stillen Gebet einlädt. In diesem modernen Gebäudetrakt steht auch eine sehr schöne schlichte Krypta kleineren Gruppen für die Messfeier zur Verfügung.

Besuch des Santuario
Um den Eremo delle Carceri von Assisi aus zu erreichen, gibt es zwei Möglichkeiten:

die asphaltierte Fahrstraße: vor der Porta Cappuccini ca. 2 km geradeaus den Abhang entlang, sodann über Serpentinen bis zum Parkplatz vor dem Santuario. Die Straße ist nicht für Omnibusse geeignet!

der Wanderweg: vor der Porta Cappuccini sofort links an der Stadtmauer entlang bis zu einem Picknickplatz, dort nach rechts den Wegweisern „Eremo delle Carceri“ folgen bis zur Straße, hier nach rechts und über die Straße zum Santuario.

Weil der Wanderweg mühsam zu gehen ist, bietet sich auch die Fahrstraße zum Wandern an. Für die Fußgänger haben die Serpentinen Abkürzungspfade und Treppen; es muss jedoch mit starkem Autoverkehr gerechnet werden und es gibt keinen Bürgersteig.

Nachdem man den äußeren Eingang durchschritten hat, erreicht man nach ca. 100 m das innere Tor, das in den Hof führt. Nach Süden öffnet sich ein weiter Blick in ein Tal. Die anderen Hofseiten sind von Gebäuden umgeben: Im Westen ist der Eingang zum Empfangstrakt mit der Pförtnerstube und dem Zugang zur modernen Kirche. Der Norden wird vom Konventsgebäude Bernardins von Siena eingenommen (erkennbar an dem Attribut des Heiligen über der Tür – dem IHS in der Sonnenscheibe). An der östlichen Hofseite liegt die winzige Kapelle Santa Maria delle Carceri. Ihr ist ein kleiner Sakralraum vorgelagert. Über dem Altar des Marienheiligtums, in dem bereits Franziskus gebetet haben muss, befindet sich ein Tibero d'Assisi zugeschriebenes Fresko „Maria mit dem Jesuskind" (Anfang des 16. Jh.), das ein älteres Kreuzigungsbild (teilweise freigelegt) überdeckt. Von dieser Kapelle windet sich eine Treppe nach unten in die Grotte des heiligen Franziskus, die aus zwei Teilen besteht: Die vordere Hälfte war seine Schlafstätte, die hintere diente ihm zum Gebet. Von hier führt ein Durchgang wieder ins Freie. Rechts neben einer Brücke erhebt sich nun ein alter Baum, vor dem Franziskus den Vögeln gepredigt haben soll. Es folgt ein Steineichenwald, der zum Verweilen einlädt; er besitzt mehrere Höhlen, in denen sich jahrhundertelang Brüder zu Gebet und Meditation zurückgezogen haben. Am Schluss des Rundgangs bietet es sich noch an, das Gebäude Bernardins von Siena zu besuchen (nur unter der Begleitung eines Franziskaners des Konventes, ansonsten ist dieser Teil des Santuario geschlossen). Dort werden gezeigt: eine Chorkapelle, ein Refektorium (Speiseraum) und im höheren Stockwerk die Zellen der Brüder (diese Räume dienen heute als Gästezimmer). Das Mobiliar aus rohem Holz spiegelt ganz die Einfachheit und Anspruchslosigkeit franziskanischer Lebensweise wider.

Bernardin von Siena

Dieser große Volksprediger und Franziskaner – er lebte von 1380 bis 1444 – pflegte eine besondere Verehrung des Namens Jesu, die er in seinen Predigten auch den Gläubigen nahelegte. Bei seinen Ansprachen stellte er ein Fähnchen mit dem Monogramm IHS als Symbol für den Namen Jesu auf (vgl. hierzu auch S. 148). Die Buchstabenfolge IHS – von einem Kranz aus zwölf Strahlen umgeben – wurde sein „Zubehör", das auch über dem Eingang zu seinem Konventsgebäude in der Eremo delle Carceri angebracht ist. Bernardin von Siena schloss sich der Observanzbewegung an und förderte in Italien außerordentlich die Ausbreitung dieser franziskanischen Reform, deren Mitglieder die Ordensregel des heiligen Franziskus wieder in der ursprünglichen Strenge beobachteten und zu leben versuchten. Man nannte sie Observanten vom lateinischen OBSERVARE (= beobachten). Auf Bernardins Initiative geht die Gründung mehrerer Ordensniederlassungen zurück, in denen das franziskanische Ideal des Poverello wieder aufblühte; hierzu gehörte auch die Einsiedelei der Carceri.

Abschied von Assisi

Als der kranke Franziskus spürte, dass er bald sterben werde, ließ er sich von seiner Heimatstadt nach Porziuncola tragen. Im Speculum perfectionis – einer Legendensammlung über das Leben des Heiligen – wird berichtet, dass er auf halbem Weg darum bat anzuhalten, damit er Assisi segnen könne. Sodann betete er: „Herr, ich glaube, dass diese Stadt einst Heimat gottloser Menschen war, jetzt aber sehe ich, dass es der überströmenden Fülle deiner Barmherzigkeit gefallen hat, ihr den Reichtum deines Erbarmens in wunderbarer Weise zu offenbaren. [...] Darum bitte ich dich, Herr Jesus Christus, du Vater der Barmherzigkeit, sieh nicht auf unsere Undankbarkeit, sondern gedenke stets der überströmenden Fülle deines Mitleids und gewähre, dass diese Stadt immerdar die Heimat derer sei, die dich in Wahrheit erkennen und deinen heiligen und glorreichen Namen in alle Ewigkeit verherrlichen. Amen."

Viele Besucher von Assisi haben in diesem Geist des Heiligen eine geistliche Heimat gefunden oder Erfahrungen gemacht, die sie dann ein ganzes Leben lang begleiteten.

ANHANG

Gedichte und Gebete

Kleine Gedichtauswahl zur Ewigen Stadt

Die Reise nach Rom

Einmal im Leben möcht' ich nach Rom!
Das war Mutters Traum.
Sehnsüchtig sprach sie davon.

Erst waren die Kinder noch klein,
da mußte doch jemand bei ihnen sein,
wenn nachts eines weinte.
Und Vater meinte:
Wart nur, dein römischer Traum
ist deswegen noch lang nicht begraben!

Doch bald darauf kamen die Schulaufgaben,
die Masern, der Blinddarm,
man glaubt es ja nicht,
wieviel Mühe das kostet
und wieviel Verzicht.
Mutters Liebe hielt still alle Wünsche im Zaum,
und ganz langsam entschwand ihr verwegener Traum.

Die Bücher, das Fahrrad,
noch mancherlei mehr.
Und Vater war schließlich kein Millionär.
Wie haben die Kinder
sich auf das Klavier gefreut!
Wo blieb denn für Rom da noch Geld und noch Zeit?

Und später, da waren die Kinder dann groß.
Doch immer war irgend was anderes los.

Dann kam Mutters Krankheit, die Operation.
Auf dem Bett lag ein Buch über Reisen nach Rom.

Und Mutter hielt durch
und erholte sich wieder.
Da kam auch die älteste Tochter schon nieder,
gebar ihr voll Stolz einen Enkelsohn.
Sie zog ihn mit groß bis zur Konfirmation.

Nun freute er sich auf die Klassenfahrt.
Sie hatte für ihn auch das Geld schon gespart.
Und dann kam eine Karte vom Petersdom:
„Oma, warst du denn niemals im Leben in Rom?"

Aus: Elli Michler, Erinnerst du dich? Begegnungen und Erfahrungen, Don Bosco Verlag, München 1997.

Der römische Brunnen

Aufsteigt der Strahl und fallend gießt
Er voll der Marmorschale Rund,
Die, sich verschleiernd, überfließt
In einer zweiten Schale Grund;
Die zweite gibt, sie wird zu reich,
Der dritten wallend ihre Flut,
Und jede nimmt und gibt zugleich

Und strömt und ruht.

Conrad Ferdinand Meyer

Römische Fontäne

Borghese

Zwei Becken, eins das andre übersteigend
aus einem alten runden Marmorrand,
und aus dem oberen Wasser leis sich neigend
zum Wasser, welches unten wartend stand,
den leise redenden entgegenschweigend

und heimlich, gleichsam in der hohlen Hand,
ihm Himmel hinter Grün und Dunkel zeigend
wie einen unbekannten Gegenstand;

sich selber ruhig in der schönen Schale
verbreitend ohne Heimweh, Kreis aus Kreis,
nur manchmal träumerisch und tropfenweis

sich niederlassend an den Moosbehängen
zum letzten Spiegel, der sein Becken leis
von unten lächeln macht mit Übergängen.

Rainer Maria Rilke

Texte für eine Wallfahrt

Gebet aus Lateinamerika

Aus allen Dörfern und Städten
sind wir unterwegs zu dir.

Aus Tälern und Bergen
sind wir unterwegs zu dir.

Mit leidenden Brüdern und Schwestern
sind wir unterwegs zu dir.

Mit lachenden Kindern
sind wir unterwegs zu dir.

Als Bauleute des Friedens
sind wir unterwegs zu dir.

Als Boten der Gerechtigkeit
sind wir unterwegs zu dir.

Als Zeugen deiner Liebe
sind wir unterwegs zu dir.

Als Glieder der Kirche
sind wir unterwegs zu dir.

Wenn wir das Brot teilen,
sind wir unterwegs zu dir.

Wenn wir die Schwachen stützen,
sind wir unterwegs zu dir.

Wenn wir für die Verfolger beten,
sind wir unterwegs zu dir.

Wenn wir Gottesdienst feiern,
bist du bei deinem Volk.

Vgl. Pilgerbuch zur Heilig-Rock-Wallfahrt, Trier 1996, S. 288.

Lobpreis zum Fest der Apostel Petrus und Paulus

O Roma felix!
Der Apostelfürsten Tod
hat mit dem Purpur
ihres Blutes dich geschmückt.
Ihr großes Leben,
nicht dein Ruhm und deine Macht,
gibt dir den Vorrang
vor den Städten dieser Welt.

Pförtner des Himmels,
Petrus, der die Schlüssel trägt,
Völkerapostel,
Paulus, der die Heiden ruft:
Leuchten des Weltalls,
habt den Glauben ihr bezeugt –
einer am Kreuze
und der andre unterm Schwert.

Göttliche Dreiheit,
Vater, Sohn und Heil'ger Geist,
höre den Lobpreis,

den wir deiner Größe weihn,
da das Gedächtnis
deiner Zeugen uns erfreut.
Gib uns wie ihnen
einst den Thron der Seligkeit. Amen.

Vgl. Stundenbuch, Band III, S. 808.

Lobpreis, verfasst von Franziskus

Du bist heilig, Herr, unser Gott. Du bist der alleinige Gott,
der Eine, der Wundertaten vollbringt.
Du bist der Starke, du bist der Große, du bist der Höchste,
du bist allmächtig, du bist heilig,
der Vater und König des Himmels und der Erde.
Du bist der Dreifaltige und der Eine, Gott der Herr.
Du bist der Gute, das höchste Gut,
der lebendige und wahre Gott.
Du bist die Güte, die Liebe, du bist die Weisheit,
du bist die Demut, du bist die Geduld.
Du bist die Geborgenheit, die Ruhe,
die Fröhlichkeit und die Freude.
Du bist die Gerechtigkeit und das Maß.
Du bist aller Reichtum.
Du bist die Milde, du bist unsere Zuflucht und Stärke,
du bist unser Glaube, unsere Hoffnung und unsere Liebe,
unsere große Glückseligkeit.
Du bist die unendliche Güte, großer und wunderbarer Herr,
Gott, allmächtig, liebreich, erbarmend und heilbringend.

Vgl. Gotteslob, Nr. 3, Abschn. 4.

Der Sonnengesang des heiligen Franziskus

Höchster, allmächtiger, guter Herr,
dein sind Ehre, Lob und Ruhm und aller Segen.

Du allein bist würdig, sie zu empfangen,
und kein Mensch ist würdig,
dich zu nennen, o Höchster.

Gelobt seist du, mein Herr!

Mit all deinen Geschöpfen,
vor allem mit der edlen Schwester Sonne.
Sie bringt uns den Tag und das Licht,
sie ist schön und strahlt in mächtigem Glanz,
von dir, du Höchster, ein Gleichnis.

Gelobt seist du, mein Herr!

Durch Bruder Mond und die Sterne.
Du hast sie am Himmel gebildet,
klar und kostbar und schön.

Gelobt seist du, mein Herr!

Durch Bruder Wind und die Luft,
durch bewölkten und heiteren Himmel und jegliches Wetter;
so erhältst du deine Geschöpfe am Leben.

Gelobt seist du, mein Herr!

Durch Schwester Wasser,
so nützlich und demütig,
so köstlich und keusch.

Gelobt seist du, mein Herr!

Durch Bruder Feuer;
mit ihm erleuchtest du uns die Nacht.
Er ist schön und freundlich, gewaltig und stark.

Gelobt seist du, mein Herr!

Durch unsre Schwester, die Mutter Erde;
sie trägt und erhält uns,
bringt vielerlei Früchte hervor
und Kräuter und bunte Blumen.

Gelobt seist du, mein Herr!

Durch alle, die vergeben in deiner Liebe,
die Krankheit und Trübsal ertragen.
Selig, die dulden in Frieden;
sie werden von dir, o Höchster, gekrönt.

Gelobt seist du, mein Herr!

Durch unsern Bruder, den leiblichen Tod;
kein lebender Mensch kann ihm entrinnen.
Weh denen, die sterben in tödlichen Sünden.
Selig, die der Tod trifft in deinem heiligsten Willen;
denn der zweite Tod kann ihnen nichts antun.

Lobt und preist meinen Herrn und dankt und dient ihm in großer Demut.

Vgl. Gotteslob Nr. 285.

Kleine Literaturliste

Rom

Margit Brinke, Peter Kränzle, „Rom und Umgebung", Dormagen 1999/2000.

Jürgen Sorges, „Rom", Reihe: Polyglott-Reiseführer, München 1999.

Hans-Joachim Fischer, „Rom – zweieinhalb Jahrtausende Geschichte, Kunst und Kultur der Ewigen Stadt", Köln 1997.

„Rom", Reihe: DuMont visuell, Köln 1995.

Werner Raith, „Rom", Reihe: DuMont-Reise-Taschenbücher, Köln 1998.

Christoff Neumeister, „Das antike Rom: Ein literarischer Stadtführer", München 1993.

Vincenzo Fiocchi Nicolai u. a. „Roms christliche Katakomben. Geschichte – Bilderwelt – Inschriften", Regensburg 1998.

Robin Richmond, „Michelangelo und die Sixtinische Kapelle", Freiburg/Breisgau 1999.

Assisi

Helmut Schlegel, „Assisi für Pilger", Werl 1995.

Anselm Kraus, Gerhard Ruf, „Auf der Suche nach Franziskus – Ein Pilgerführer durch Assisi und Umbrien", Münsterschwarzach 1997.

Gerard Pieter Freeman, „Franziskus – ein Sohn Umbriens. Ein Reisebegleiter zu franziskanischen Stätten", Werl 1998.

Franz Josef Kröger, „Auf den Spuren von Franziskus – Eine Begegnung mit franziskanischen Stätten", Werl 1993.

Klaus Zimmermann, „Umbrien", Köln 1992.

Marco Bartoli, „Klara von Assisi – Die Geschichte ihres Lebens", Werl 1993.

Praktische Hinweise von A bis Z

Anreise

mit dem Zug: Von Deutschland aus verlaufen die internationalen Linien entweder durch die Schweiz (Gotthardtunnel oder Simplontunnel) oder durch Österreich (Brennerpass). Aus den östlichen Gebieten Österreichs ist es eventuell günstiger, die Zugverbindung über Villach und Tarvisio zu wählen. Die schnellste Verbindung ist sodann stets über Bologna und Florenz in Richtung Rom. In *Rom* enden die Linien gewöhnlich im Bahnhof Termini. Nach *Assisi* gibt es durchgehende Züge ab Florenz; es ist aber auch möglich, Assisi durch Umsteigen in Terontola-Cortona (Strecke Florenz-Rom) zu erreichen. Von Assisi nach Rom und umgekehrt verläuft die kürzeste Strecke über Foligno und Orte.

mit dem Auto: Von Deutschland aus entweder durch die Schweiz (eine Jahresvignette muss an der Grenze oder vorher beim ADAC erworben werden) oder über Österreich (Brenner-Autobahn, mautpflichtig). Wer ausreichend Muße besitzt, kann die alte Brennerstraße benutzen und so die Maut sparen. Vom südöstlichen Österreich ist es günstiger über Villach, Tarvisio, Udine. In Italien jeweils Autobahn A 1 (Autostrada del Sole) über Bologna, Florenz und Arezzo nach *Rom* (Autobahnen sind in Italien gebührenpflichtig). Von dieser Autobahn zweigt hinter Arezzo eine vierspurige Schnellstraße (Superstrada) in Richtung Perugia ab, über die *Assisi* erreichbar ist. Das Stadtzentrum Assisis ist für den Autoverkehr gesperrt; für die Hotelanfahrt kann gegebenenfalls eine Sondergenehmigung erworben werden. Das Autofahren in Rom gilt als sehr abenteuerlich, zumal es fast aussichtslos ist, einen Parkplatz zu finden; es ist bequemer und oft auch schneller, öffentliche Verkehrsmittel zu benutzen.

mit dem Flugzeug: Direktflüge von allen größeren Flughäfen Europas nach *Rom*; Ankunft meistens auf dem Flughafen Leonardo da Vinci in Fiumicino; von dort gibt es eine S-Bahn in die Stadt. Um *Assisi* zu erreichen, kann ebenfalls Rom angeflogen werden; Weiterfahrt mit dem Zug über Orte und Foligno.

Frühstück

Das italienische Frühstück ist meistens recht dürftig: Kaffee mit Milch, Brot, etwas Butter und Marmelade. Die Einheimischen essen morgens nur wenig oder verzichten ganz aufs Frühstück. Teure Hotels bieten jedoch manchmal auch Frühstücksbüfetts an.

Gruppenreisen

Studienfahrten nach Rom werden von zahlreichen Reiseveranstaltern angeboten, bisweilen mit dem Besuch anderer Orte verbunden, beispielsweise Siena, Florenz oder Assisi.

Wer an einer *Wallfahrt* teilnehmen möchte, kann die Pilgerstellen der Bistümer um Auskunft bitten; die Adressen der Bistümer sind erhältlich über die Deutsche Bischofskonferenz, Kaiserstraße 163, 53113 Bonn, Tel. (02 28) 10 30. Romreisen finden sich auch im Programm zahlreicher anderer Pilgerbüros. Fahrten nach Assisi werden von franziskanischen Ordensleuten angeboten; Auskünfte hierzu können eingeholt werden beim INFAG-Zentrum, Haugerring 9, 97070 Würzburg, Tel. (09 31) 3 52 84 51, Fax (09 31) 3 52 84 52.

Wollen Pfarrgemeinden oder andere Einrichtungen (Verbände, Bildungswerke etc.) eine Gruppenreise selbst organisieren, so wird ihnen von juristischer Seite nahegelegt, nicht selbst als Reiseveranstalter aufzutreten, sondern diese Funktion einem Reisebüro zu übertragen. Wer nämlich mindestens zwei Leistungen (beispielsweise Zugfahrt und Unterkunft) gebündelt unter einem einheitlichen Preis anbietet, gilt nach dem Reisevertragsgesetz automatisch als Reiseveranstalter und hat die entsprechenden Haftungsrisiken zu tragen und die versicherunsgrechtlichen Bestimmungen zu erfüllen. Deswegen ist es empfehlenswert, Gruppenreisen durch ein Reisebüro organisieren zu lassen; Anschriften von Touristikbüros, die in der Organisation von Wallfahrten erfahren sind, können bei den Pilgerstellen der Bistümer erfragt werden.

Kirchen und Gottesdienste

Die Kirchen sind gewöhnlich ganztägig geöffnet, einige schließen in den Mittagsstunden. In Italien wird beim Kirchenbesuch auf angemessene Kleidung geachtet. Vor den Portalen größerer Kirchen stehen Wächter, die allzu sparsam Bekleideten den Eintritt verwehren.

Rom: Heilige Messen in deutscher Sprache werden in Santa Maria dell'Anima, Vicolo della Pace 20, und in der Kirche des Campo Santo Teutonico gefeiert. Die Gottesdienstordnungen sind im deutschen Pfarrbüro von Santa Maria dell'Anima zu erfahren.

Assisi: In der Hauptreisezeit (etwa Mai bis September) unterhält die Interfranziskanische Arbeitsgemeinschaft (INFAG) bei der kleinen Kirche Santo Stefano ein spirituelles Zentrum. Morgens und abends wird jeweils eine deutschsprachige Gebetszeit gehalten. Zu unregelmäßigen Zeiten finden dort auch Heilige Messen in deutscher Sprache statt. Informationen sind im INFAG-Zentrum im Garten von Santo Stefano erhältlich.

Möchte eine *Gruppe* mit eigenem Priester eine Heilige Messe feiern, sollte sie sich auf jeden Fall vorher anmelden. In einigen Kirchen / Kapellen wird darum gebeten, die Dauer der Messzelebration nicht auszudehnen. Außerdem ist es üblich, für die Belange der Kirche/Kapelle entweder zu kollektieren oder eine Spende zu geben.

Klima und Reisezeit

Italien ist ein klimatisch warmes Land. Im Winter kann es jedoch auch empfindlich kalt sein, und es wird nur sparsam geheizt. Der

August ist – insbesondere in Rom – sehr heiß; die römische Bevölkerung nutzt diesen Monat, um Urlaub in Gegenden mit angenehmerem Klima zu machen, so dass Rom im August ganz den Touristen gehört. Die besten Reisezeiten für Italien sind April/Mai und September/Oktober.

Öffentliche Verkehrsmittel

Rom besitzt ein dichtes Omnibusnetz, außerdem einige Straßenbahnlinien und drei Metrolinien. Fahrkarten sind in den Tabakläden (Schild mit großem T und Aufschrift *Tabacchi*) und an den ATAC-Büros, auch an einigen Zeitungsständen erhältlich; in den Bussen und Bahnen selbst werden keine Tickets verkauft. Die Fahrkarten müssen gleich nach dem Einstieg entwertet werden.

Assisi besitzt im Ortszentrum eine Linie kleiner Omnibusse, gewöhnlich ist aber innerhalb der Stadt alles zu Fuß erreichbar. Santa Maria degli Angeli (Porziuncola) ist mit Assisi durch eine Buslinie verbunden, die auch den Bahnhof (stazione) bedient. Für die Fahrkarten gilt dasselbe wie in Rom.

Papstaudienz

Die Generalaudienzen finden in der Audienzhalle (Zugang von der Piazza del Sant'Uffizio) oder – bei schönem Wetter – auf dem Petersplatz statt, und zwar jeden Mittwochvormittag, sofern der Papst sich in Rom aufhält. Eintrittskarten sind im Uffizio informazioni (Informationsbüro des Vatikan) oder im Pilgerbüro der deutschsprachigen Gemeinde Santa Maria dell'Anima erhältlich (Adressen siehe *Anschriftenverzeichnis)*. Sonntags betet der Papst um 12 Uhr vom Fenster seiner Privatwohnung aus mit den Gläubigen auf dem Petersplatz den Angelus. Den Segen Urbi et Orbi erteilt er am Ostersonntag und am ersten Weihnachtstag. Nach einer Papstwahl spendet der neu gewählte Papst sofort den Segen Urbi et Orbi.

Post und Freimarken

Freimarken (francobolli) sind in den Postämtern und in den Tabakläden (Schild mit großem T und Aufschrift *Tabacchi*) erhältlich.

Die Post der Vatikanstadt (Città del Vaticano) ist von der italienischen Post unabhängig; berühmt sind die schönen Freimarken. Der Freimarkenverkauf der Vatikanpost befindet sich auf dem Petersplatz. Wer in Rom ist, sollte die Vorzüge der Vatikanstadt nutzen: Briefe und Karten erreichen im allgemeinen schneller ihr Ziel. Einwurf in den blauen Briefkästen des Vatikans. Die als Sammlermarken begehrten Postwertzeichen der Città del Vaticano sind erhältlich beim Ufficio Filatelico e Numismatico Governatorato, 00120 Città del Vaticano, Tel. (06) 69 88–37 08 oder (06) 69 88–31 65, Fax (06) 69 88–37 99.

Restaurants und Trattorien

Auf den Plätzen (Rotonda, Navona, Campo de'Fiori etc.) sind schöne Restaurants, es lohnt sich, draußen zu sitzen; leider sind die Preise meist auch entsprechend. Preiswerter sind kleine Restaurants in den Seitengassen, oft qualitativ ausgezeichnet. Auch können die einfachen Trattorien, wo kein volles Menue bestellt werden muss, eine gute Adresse sein. In einigen Restaurants wird das Gedeck (coperto) und die Bedienung (servizio) extra berechnet. Auf jeden Fall ist es üblich, ein Trinkgeld zu hinterlassen.

Italien ist im allgemeinen ein sehr gastfreundliches Land; das gilt vor allem für ländliche Gegenden. Wo der Tourismus sich jedoch breitmacht – also insbesondere in Rom –, muss leider mit Nepp gerechnet werden. Restaurants, die an Plätzen oder Prachtstraßen liegen oder die einen schönen Ausblick bieten, haben oft überhöhte Preise. Außerdem ist es überall ratsam, Rechnungen und Wechselgeld sofort zu überprüfen. Für den Einkauf gilt dasselbe. Bei Kleidung werden mitunter Imitationen von Markenartikeln angeboten.

Sicherheit

Wo sich viele Menschen aufhalten, sind auch schnell Taschendiebe und -diebinnen zur Stelle. Leider gibt es bisweilen auch bettelnde Zigeunerkinder, die rigoros stehlen. Es empfiehlt sich, möglichst keinen *Schmuck* und nur wenig *Geld* bei sich zu tragen; Geld und Papiere sind im Brustbeutel unter dem Hemd ziemlich sicher oder im Tresor bzw. Schließfach des Hotels. Es kommt vor, dass Vespafahrer oder Beifahrer ahnungslosen Passantinnen die Handtasche entreißen. *Autos werden* aufgebrochen, wenn in ihnen Wertgegenstände oder Gepäck sichtbar herumliegen; selbst eingebaute Radios sind nicht sicher; der Aufwand, sie vor der Reise auszubauen, lohnt sich. Bei Diebstahl sollte Anzeige bei der Questura (Polizeibehörde) erstattet werden. Wenn nachts die Reisenden *im Zug* schlafen, können Diebe in Ruhe die Liegenwagenabteile durchstöbern; deswegen auf jeden Fall Abteiltüren von innen verschließen, damit niemand eindringen kann.

Taxi

Taxis (tassì) gibt es in Rom und Assisi ausreichend. Sie sind gelb oder cremeweiß mit der Aufschrift TAXI. Zusätzlich zu den Preisen, die der Taxameter anzeigt, werden gegebenenfalls noch Nacht- und Gepäckzuschläge erhoben. Leute, die ihren Privatwagen als Taxi anbieten, sind zu meiden, weil sie gewöhnlich unangemessene Preise fordern.

Telefonieren

Die öffentlichen Telefone (orange-rot) gibt es überall. Im allgemeinen dienen sie auch für Telefongespräche ins Ausland. Als praktisch haben sich die Telefonkarten erwiesen. Sie sind in den Tabacchi-Läden erhältlich. Vorwahlen in die Heimat:
Deutschland: *00 49,*
Österreich: *00 43,*
Schweiz: *00 41.*

Trinkgeld

Mehr als bei uns erwartet das Dienstpersonal in Italien ein Trinkgeld: Kellner und Kellnerinnen, Zimmermädchen, Portier, Toilettenpersonal. Es ist zu bedenken, dass die kleinen Angestellten auf diesen zusätzlichen Verdienst angewiesen sind.

Unterkünfte

(Adressen siehe *Anschriftenliste*)

Sowohl Rom als auch Assisi bieten ein umfangreiches Angebot an Hotels, Pensionen und Gästehäusern. Voranmeldung ist vor allem in den Hauptreisezeiten unbedingt zu empfehlen. Sowohl von der Unterkunft als auch vom Gast sollte eine schriftliche Bestätigung (ggf. per Fax) erfolgen, nur so ist es möglich, vor unangenehmen Überraschungen bewahrt zu bleiben.

Zahlreiche religiöse Gemeinschaften (Istituti religiosi) nehmen gerne Pilgerinnen und Pilger auf; ihre Gästehäuser sind einfach und preiswert. Mitunter muss jedoch damit gerechnet werden, dass abends frühzeitig geschlossen wird (22 oder 23 Uhr) und die Gäste keinen Hausschlüssel bekommen.

Wanderungen

Gerade die Landschaft um *Assisi* bietet eine Fülle von Möglichkeiten: vom erholsamen Spaziergang bis zur ausgedehnten Wanderung. Das Gebiet des *Monte Subasio* ist als *Parco Naturale Regionale* Naturschutzgebiet, Jagen und Pflücken von Blumen sind untersagt. Gerade im Mai und im Juni – aber auch zu anderen Jahreszeiten – ist dieser Berg wegen seiner zahlreichen Pflanzenarten ein Naturerlebnis.

Wer *Rom* besucht, möchte vielleicht zwischendurch einmal der Hektik der Stadt entfliehen und die Seele baumeln lassen. *Latium* ist ein vom Tourismus noch recht unentdecktes Gebiet; die Reisenden drängen fast alle in die Hauptstadt, so dass die Abteien, Schlösser und Seen der umliegenden Gebiete zu Ruhe und Besinnung einladen.

Leider entsprechen die *Wanderwege* Mittelitaliens nicht dem Standard, den wir in Deutschland, Österreich und der Schweiz gewohnt sind; außerdem sind sie bisweilen schlecht gekennzeichnet, und es fehlt an guten Wanderkarten. Für weite Teile Umbriens gibt es jedoch die sehr brauchbaren Carte turistice von Kompass.

Wie in fast allen Mittelmeerländern, so wird auch in Italien vor giftigen *Vipern* gewarnt. Sie sind ungefährlich, solange sie sich nicht bedroht fühlen. Die Wandernden sollten deswegen aufpassen, wohin sie treten und wohin sie sich setzen. Außerdem sollten sie Schuhe tragen, die bis zu den Knöcheln reichen.

Zahlungsmittel

Auch Italien hat am 1.1.1999 den Euro eingeführt. Die Umstellung des Bargeldes auf die neue Währung erfolgt jedoch erst am 1.1.2002, so dass bis zu diesem Zeitpunkt noch die Devisen gewechselt werden müssen. Es ist empfehlenswert, den Wechsel (cambio) in den Banken oder Postämtern zu tätigen, nicht in privaten Wechselstuben oder im Hotel. Ein praktisches Zahlungsmittel ist die Kreditkarte; sie wird in fast allen größeren Einrichtungen (Hotels, Geschäften, Restaurants) akzeptiert. Euro-Schecks sind ebenfalls eine gute Möglichkeit, bargeldlos zu zahlen, zumal sie in Euro ausgestellt werden können. Geldautomaten, an denen mit der Scheckkarte Bargeld erhältlich ist, sind inzwischen weit verbreitet. Vor der Reise sollte auch die Auslandsabteilung der eigenen Bank um Rat gefragt werden, welches Zahlungsmittel im Einzelfall das günstigste ist.

Anschriften

Notrufe (in ganz Italien)

Carabinieri: 112
Notruf allgemein: 113
Feuerwehr: 115

Auskünfte

Rom
Vorwahl jeweils: 06

EPT (Ente Provinciale per il Turismo)
Informationsbüro für Rom
Via Parigi 5
Tel. 48 89 92 53, Fax 4 81 93 16

Deutsches Reisebüro DER
Piazza dell'Esquilino 28 a
Tel. 4 82 75 31, Fax 4 88 14 98

Ufficio Informazioni Pellegrini e Turistici
Informationsbüro des Vatikan
Piazza S. Pietro
Tel. 69 88 44 66, Fax 69 88 51 00

Assisi

Touristikbüro *Azienda di Promozione Turistica*
Piazza del Comune 12, 06081 Assisi
Tel. (075) 81 25 34, Fax (075) 81 37 27

Kirchliche Einrichtungen

Rom

Vorwahl jeweils: 06

Deutschsprachige Gemeinde bei *S. Maria dell' Anima*
Via di S. Maria dell'Anima 64/II.Stock
Tel. 6 86 41 60, Fax 68 19 51 40

Campo Santo Teutonico, Collegio Teutonico di S. Maria in Campo Santo
Via della Sagrestia 17, 00120 Città del Vaticano
Tel. 69 88 39 23

Domitillakatakomben, Catacombe di S. Domitilla
Via delle Sette Chiese 280, 00147 Roma
Tel. 5 13 51 93, Fax 5 13 54 61

Priscillakatakomben, Catacombe di S. Priscilla
Via Salaria 430, 00199 Roma
Tel. und Fax 86 20 62 72

Calixtuskatakomben, Catacombe di S. Callisto
Via Appia Antica 110, 00179 Roma
Tel. 51 30 15 80, Fax 51 30 15 67

Katakomben bei San Sebastiano fuori le mura San Sebastiano alle Catacombe
Via Appia Antica 136, 00179 Roma
Tel. 7 80 88 47 oder 7 88 70 35, Fax 7 84 37 45

Vatikanische Museen, Musei Vaticani
Viale Vaticano
Tel. 69 88 33 33, Fax 69 88 50 61

Assisi

Basilica di San Francesco, Sacro Convento
Frati Conventuali, 06081 Assisi
Tel. (075) 81 22 38, Fax (075) 81 61 87

Basilica di Santa Maria degli Angeli
06088 Santa Maria degli Angeli
Tel. (075) 8 05 11

Santuario di San Damiano
06081 Assisi
Tel. (075) 81 22 73, Fax (075) 8 19 80 07

Santuario Eremo delle Carceri
06081 Assisi
Tel. (075) 81 23 01

Unterkünfte

Rom
Vorwahl jeweils: 06

Hotels der oberen Preisklasse:

LORD BYRON, Via Giuseppe De Notaris 5,
Tel. 3 22 04 04, Fax 3 22 04 05
nördlich des Monte Pincio

D'INGHILTERRA, Via Bocca di Leone 14,
Tel. 6 99 81, Fax 6 79 86 01
in der Nähe der Spanischen Treppe

Hotels der mittleren Preisklasse:

CARRIAGE, Via delle Carrozze 36,
Tel. 6 99 01 24, Fax 6 78 82 79
in der Nähe der Spanischen Treppe

INTERNAZIONALE, Via Sistina 79,
Tel. 69 94 18 23, Fax 6 78 47 64
nahe bei der Kirche Trinità dei Monti

LOCARNO, Via della Penna 22,
Tel. 3 61 08 41, Fax 3 21 52 49
in der Nähe der Piazza del Popolo

DOMUS AVENTINA, Via di Santa Prisca 11 b,
Tel. 5 74 61 35, Fax 57 30 00 44
auf dem Aventin

PORTOGHESI, Via dei Portoghesi 1,
Tel. 6 86 42 31, Fax 6 87 69 76
nicht weit von der Piazza Navona

Hotels der unteren Preisklasse:

ARENULA, Via di S. Maria d. Calderari 47,
Tel. 6 87 94 54, Fax 6 89 61 88
zwischen Piazza Mattei und Tiber

NAVONA, Via dei Sediari 8,
Tel. 6 86 42 03, Fax 68 80 38 02
nicht weit von der Piazza Navona

Jugendherberge:

Ostello del Foro Italico,
Viale delle Olimpiadi 61,
Tel. 3 23 62 79, Fax 3 24 26 13
im Norden Roms, Olympiagelände

Ordenshäuser:

Villa Lituania (*deutschsprachige Schwestern*),
Piazza Asti 25,
Tel. 7 01 74 64, Fax 7 01 74 68
in der Nähe der Laterankirche

Casa Domitilla (*Gästehaus der Barmherzigen Brüder von Trier*)
Via delle Sette Chiese 280,
Tel. 5 13 51 93, Fax 5 13 54 61
bei den Domitillakatakomben, Anbindung an die Innenstadt mit öffentlichen Verkehrsmitteln

Sisters of the Atonement (*amerikanische Schwestern*),
Via di Monte del Gallo 105,
Tel. 63 07 82, Fax 6 38 61 49
in der Nähe des Vatikan

Suore Pallottine (*Pallottinerinnen*),
Viale delle mura Aurelie 7b (Porta Cavalleggeri),
Tel. 6 38 60 58, Fax 39 36 69 43
in der Nähe des Vatikan

Casa Regina Angelorum (*deutschsprachige Schwestern*),
Via San Giovanni della Croce 33,
Tel. 6 62 09 43, Fax 66 41 51 23
außerhalb der Stadt, Anbindung an die Stadt mit öffentlichen Verkehrsmitteln

Assisi

Vorwahl jeweils: 075

Hotels der gehobenen Preisklasse:

Hotel Giotto, Via Fontebella 41, 06081 Assisi
Tel. 81 22 09, Fax 81 64 79

Hotel Umbra, Via degli Archi 6, 06081 Assisi
Tel. 81 22 40, Fax 81 36 53

Hotels der unteren Preisklasse:

Hotel La Rocca, Via Porta Perlici 27, 06081 Assisi
Tel. und Fax 81 22 84

Albergo del Viaggiatore, Via San Antonio 14, 06081 Assisi
Tel. 81 25 32 oder 81 24 24, Fax 81 30 51

Hotel Franco Antonelli, Via Los Angeles 25,
06088 Santa Maria degli Angeli
Tel. 8 04 36 90, Fax 8 04 80 28

Jugendherberge:

Ostello della Pace, Via Valecchi, 06081 Assisi
Tel. und Fax: 81 67 67

Ordenshäuser:

Sisters of the Atonement (*amerikanische Schwestern*),
Via G. Alessi 10, 06081 Assisi
Tel. 81 25 42, Fax 81 37 23

Frati Cappuccini (*Kapuziner*),
Viale Giovanni XXIII 2/B, 06081 Assisi
Tel. 81 27 92, Fax 81 68 72

Suore di Santa Brigida di Svezia
(*Gästehaus der Birgittinnen*),
Via Moiano 1, 06081 Assisi
Tel. 81 26 93, Fax 81 32 16

Casa di Accoglienza, Monastero S. Andrea
(*Franziskanerinnen*),
Vicolo S. Margherita, 06081 Assisi
Tel. 81 22 74, Fax 81 51 38

Register

Rom

Assisi